中国文化创意企业创新与供应链协调性评价

Determinants of Innovation and Evaluation of Supply Chain Coordination for Chinese Cultural and Creative Enterprises

唐中君　著

中国财经出版传媒集团
中国财政经济出版社

图书在版编目（CIP）数据

中国文化创意企业创新与供应链协调性评价／唐中君著．—北京：中国财政经济出版社，2016.7

ISBN 978－7－5095－6746－3

Ⅰ.①中… Ⅱ.①唐… Ⅲ.①文化产业－企业管理－研究－中国 Ⅳ.①G124

中国版本图书馆 CIP 数据核字（2016）第 106066 号

责任编辑：周桂元　　　　责任校对：黄亚青
封面设计：孙俪铭　　　　版式设计：董生萍

中国财政经济出版社出版

URL：http：//www.cfeph.cn

E－mail：cfeph@cfeph.cn

社址：北京市海淀区阜成路甲 28 号　邮政编码：100142

发行处电话：88190406　财经书店电话：64033436　84041336

北京京华虎彩印刷有限公司印刷　各地新华书店经销

787×960 毫米　16 开　13.25 印张　203 000 字

2016 年 7 月第 1 版　2016 年 7 月北京第 1 次印刷

定价：30.00 元

ISBN 978－7－5095－6746－3/G·0164

前 言

本书是北京工业大学京华人才计划项目的主要研究成果，并受国家自然科学基金委创新群体项目“复杂环境下不确定性决策的理论与应用研究”（71221061）的资助。

随着物质生活水平的提高以及生活与工作压力的增大，人们对精神文化产品的需求逐渐增大。文化创意产品迎合了人们的这一需求。近年来我国文化创意产业已经取得了长足进展。然而长足发展主要体现在量的增长，欠缺质的提升。该行业产品普遍缺乏创新，模仿和跟风现象依然大量存在，致使大量文化产品市场被国外产品占领。为提高我国文化创意产品的质量，实现文化创意产业的健康发展，一方面创新作为文化创意企业生存与发展的根本动力，提升中国文化创意企业的创新能力已经迫在眉睫。另一方面需要协调文化创意产业链上的诸多活动和主体，实现文化创意产业链整体协调，促进整个产业发展。

本书旨在获得我国文化创意企业创新的影响因素和机理，获得文化创意产业供应链协调内容、协调性评价量表和协调性现状。全书共分 8 章。

第 1 章为相关文献综述。

本章进行了文献归纳与分析。内容涉及文化创意产业的概念与特征、非文化创意企业创新与文化创意企业创新的概念以及不同层次创新的影响因素、文化创意产业供应链的概念及其结构、传统制造业供应链协调、组织职能协调与文化创意产业供应链协调的概念、文化创意产业供应链协调性评价。结果表明，研究非文化创意企业创新影响因素的文献较多；研究文化创意企业创新影响因素的文献较少。从企业内部因素、企业外部环境因素和供应链因素等三方面，综合得到了企业创新氛围、企业外部环境、知识获取能力、知识编码与存储、知识整合能力、供应链协调的信任、承诺及人际关系、企业内部供应链整合与企业外部供应链整合等影响因素。有关这些影响因素的文献主要集中于非文化创意企业，缺乏针对文化创意企业的研究。针对文化创意企业创新影响因素的研究多为定性研究，并且主要集中于文化创意企业外部环境因素的研究。各个影响因素对文化创意企业创新的影响程度和影响机理尚待进一步明晰。现有文献集中研究了传统制造业供应链协调性评价，欠缺对文化创意产业供应链协调性评价的研究，尤其欠缺对内容模型评价和量表评价的研究。

第2章为文化创意企业创新影响因素模型的构建。

通过开放式的定性问卷调查，广泛收集了文化创意企业创新的主要影响因素，并使用数据编码与主题识别方法，定性识别得到了影响文化创意企业创新的主要因素。结合文化创意产业特点及定性调查分析结果，具体化了各个影响因素的内涵。基于定性实证调查研究与文献回顾结果，构建了文化创意企业创新的影响因素模型。模型变量包括环境因素方面的企业创新氛围和外部支持环境；知识管理能力方面的知识获取能力和知识整合能力；供应链协调关系方面的信任、承诺和人际关系；供应链整合方面的内部供应链整合和外部供应链整合。模型包括描述这些变量之间关系的29条假设。

第3章为文化创意企业创新影响因素模型的验证——量表的构建及预测试。

根据文献研究成果和开放式问卷调查结果，设计了文化创意企业创新影响因素模型中所有变量的初始量表和调查问卷。在获得137份预测试有效问卷的基础上，对变量量表进行了信效度检测，删除了不合格题项后，确立了正式量表和调查问卷。正式调查问卷包括10个变量的测量题项：企业创新氛围、外部支持环境、知识获取能力、知识整合能力、信任、承诺、人际关系、企业内部供应链整合、企业外部供应链整合和文化创意企业创新。

第4章为文化创意企业创新影响因素模型的验证——数据获取与分析。

利用上一章得到的调查问卷，针对中国文化创意企业进行了问卷调查，获得有效问卷540份。基于问卷调查数据，运用SPSS 17.0软件，对第2章构建的模型进行了假设检验。首先进行了信效度分析；然后基于所获数据依不同企业特征进行了描述性分析和差异性分析，得到了文化创意企业创新、知识管理能力、供应链整合依企业成立年限、人员规模和主营业务类型的差异性。接着进行了各变量的相关性分析。之后基于全部样本运用逐步回归分析方法进行了假设检验，得到了文化创意企业创新、知识管理能力、供应链整合的影响因素和机理。此外，还根据差异性分析结果，按照企业成立年限、人员规模和主营业务类型进行了分组假设检验，得到了分组情形下文化创意企业创新、知识管理能力、供应链整合的影响因素和机理。最后总结了数据分析结果，并根据结果进行了相应的讨论。

第5章为文化创意产业供应链协调性评价模型的构建。

首先比较分析了文化创意产业供应链与以制造业为代表的其他供应链的不同点和相同点，然后以制造业为代表的其他供应链协调性评价的相关研究为基础，结合文化创意产业特点，从组织间协调和组织内协调两方面分析了文化创意产业供应链协调性的内容，构建了文化创意产业供应链协调性的信息共享、共同决策、激励联盟、职能间协调四个评价维度，并进一步构建了文化创意产业供应链协调性评价内容模型。

第 6 章为文化创意产业供应链协调性评价量表的构建及预测试。

从信息共享、共同决策、激励联盟、职能间协调四个维度构建了文化创意产业供应链协调性评价的初始量表。初始量表构建完成之后，为了保证其信度和效度，基于 98 份有效问卷进行了小样本预测试。根据预测试结果，在删除不合适题项并对所保留题项进行修订后，得到了文化创意产业供应链协调性评价量表和调查问卷。

第 7 章为文化创意产业供应链协调性现状。

利用上一章得到的正式调查问卷实施了问卷调查，获得了有效问卷 288 份。运用 SPSS 19.0 对所获数据进行了信效度分析及相关性分析，结果表明评价量表具有良好的信度和效度。通过描述性分析和差异性分析综合评价了我国文化创意产业供应链协调性，分析了文化创意产业供应链协调性依样本城市和企业特征分组的差异性、文化创意产业供应链信息共享、共同决策、激励联盟、职能间协调四个维度依企业特征分组的差异性。结果表明，全部样本企业的文化创意产业供应链协调性处于中等略微偏上水平。四个样本城市的文化创意产业供应链协调性从高到低依次是长沙、西安、郑州、北京。信息共享、共同决策和职能间协调等三维度依企业规模存在显著差异，职能间协调依业务类型存在显著差异，其他没有显著差异。

第 8 章为研究结论与展望。

概述了全书的研究结论，提出了研究结论在文化创意企业创新和文化创意产业供应链协调性评价领域的管理意义与启示，指出了本研究的局限性，并对未来研究内容进行了展望。

本书第 1、8 章由著者和其指导的硕士研究生杨琴、张海永共同完成。第 2、3、4 章由著者和其指导的研究生杨琴共同完成。第 5、6、7 章由著者和其指导的研究生张海永共同完成。

本项研究参阅了大量中外文文献。由于文献过多，仅将本书引用过的参考文献列出。在此对国内外有关学者表示衷心感谢。

此外，由于所学有限，书中难免有不妥之处。敬请读者批评指正。

唐中君

2015 年 10 月 20 日于北京工业大学经济与管理学院

目　录

第 1 章
相关文献综述

本章将对相关研究进行综述，内容包括文化创意产业的概念与特征，非文化创意企业创新与文化创意企业创新的概念，企业不同层次创新的影响因素，文化创意产业供应链的概念及其网链结构，传统制造业供应链协调、组织职能间协调与文化创意产业供应链协调的概念，文化创意产业供应链协调评价。通过文献总结与分析，阐明本研究的理论背景。

1.1
文化创意产业的概念及特征

1.1.1　文化创意产业的概念

“文化产业”一词最初由德国学者 Adomo 和 Horkheiner 于 1947 年在《大众文化的商业生产》一书中提出。他们认为，文化产业包括所有的商业文化生产活动，即所有以文化形式获取利润的产业。张京成[1]认为，“文化创意产业是指那些具有一定文化内涵的产业，它源于人类的创造力与智慧，并通过科技支持与市场作用，能够实现产业化的活动”。厉无畏等[2]认为，不同国家和地区由于时间和地域的限制，对文化创意产业内涵和范围的理解会有所不同，但总结概括起来，文化创意产业大致包含三部分。一是通常所指的文化及其相关产业。二是与新生的互联网行业相结合的相关创意产业及其衍生品产业，如软件、游戏等。三是依托传统产业而兴起的相关创业产业，如工业设计、建筑设计、专业咨询策划等。黄学等[3]从广义角度将文化创意产业定义为以创意内涵和文化内容为产品或服务核心价值的产业。

Caves[4]认为，文化创意产业是为消费者提供与文化的、艺术的或娱乐的价值相关联产品或服务的活动，其中的产品或服务具体包括图书杂志出版，书画艺术（书法、油画与雕刻），文艺表演（歌剧、戏剧、演唱会），唱片，广播电视电影以及时装设计、玩具设计等。该定义给出了文化创意产业的一般性定义，并给出了具体范围和细分类别，但是侧重于文化娱乐方面，没有包括其他创意行为。此外，该定义也具有明显的时间性限制，没有包括许多新兴产业中的创意行为，例如互联网产业中的软件设计开发等。Howkins[5]认为，产品（或服务）在知识产权法保护范围之内的经济部门都可称为文化创意产业。他进一步把知识产权划分为四大类，即专利权、版权、商标权和设计权，并且认为这四类知识产权的每一类都对应着与之相关的产业，因此文化创意产业可以看作由这四类产业构成的产业。该定义扩大了文化创意产业的范围和内涵，把文化创意产业活动延伸到了传统工业部门的专利研发领域。但是从经济部门角度定义文化创意产业缺乏对文化创意产业本质特征的强调，而且对文化创意产业范围的界定也比较宽泛，严格而言，这一范围也涵盖了一些非文化创意产业。创意产业特别小组（Creative Industries Task Force，CITF）[6]将文化创意产业定义为：起源于个体创意、技能和天赋，并通过知识开发创造财富和就业机会的活动。

联合国贸易暨发展组织（UNCTAD）[7]认为文化产业就是创意产业，并将文化产业定义为将创造力和智力资本作为主要输入，以创作、生产、分销商品和服务，构成一组以知识为基础的专注于但不限于艺术的活动，这些活动有可能产生来自贸易和知识产权的收入，生产的产品包括具有创意内容、经济价值和市场目标的有形产品和无形智力或艺术服务，该产业贯穿技术、服务和工业部门，在世界贸易中构成一个新的动态部门。20世纪90年代，英国布莱尔政府最早在政府文化政策文件中提到了“创意”，并于1998年在“Creative Industries Mapping Documents”文件中正式提出了创意产业，并详细说明了创意产业的内容和范围。该文件把创意产业定义为某种类型的企业活动，这些企业的发展动力源自于个人的创造力、技能和天分，也来自于对知识产权的开发。具体而言，该文件将创意产业分为广告、建筑艺术、时尚设计、电影录像、音乐表演等细分行业[8]。Galloway 等[9]认为，该细分使文化创意产业包括了众多不同的行业，虽然强调了文化创意产业与其他产业的融合，但是模糊了文化创意产业的界限。

中国国家统计局发布的《文化及相关产业分类（2012）》认为，文化及相关产业是一系列生产活动的集合，这些生产活动主要为社会公众提供文化产品和文化相关产品，包括四类活动：一是文化产品的核心生产活动，是直接满足消费者精神需要而进行的创作、制造、传播、展示活动；二是相关辅助生产活动，是实现上述文化产品（包括有形产品和无形服务）生产所需的辅助活动；三是包括制造和销售在内的文化用品生产活动。此类生产活动所产出的文化用品不是直接面向最终消费者，而是作为文化产品实物载体或制作（使用、传播、展示）的工具；四是包括制造和销售在内的专用设备生产活动。与第三类活动类似，此类活动中的专用设备不是直接面向最终消费者，而是实现最终文化产品生产所需的设备[10]。依据这些活动，文化创意产业包括核心层和外围辅助层。核心层是指文化产品的核心生产活动，此类生产活动是为直接满足消费者精神需要，以文化创意为核心而进行的创作、制造、传播、展示等相关活动。

通过上述分析可知，目前对文化创意产业尚无统一明确的定义。本研究结合已有文献和相关研究，把文化创意产业定义为，以“创意”为中心，将创造力与智力资本作为主要输入，通过科技的支撑作用，生产和制作具有创意内容、经济价值及市场目标的产品的企业集合。依照中国行业协会对文化创意企业的分类，本研究将文化创意企业分为四类：文化艺术类（包括表演艺术、视觉艺术、音乐制作等）企业；创意设计类（包括广告设计、建筑设计、服装设计等）企业；媒体类（包括电视、电影、广播与出版等）企业；软件与计算机服务类企业。

1.1.2　文化创意产业的特征

对于文化创意产业的特点，国内外学者进行了较多研究。

Caves[11]从产品角度比较分析了文化创意产业与其他产业的不同之处，指出了五个方面：1）文化创意产品的需求具有很大的不确定性；2）产品的创作过程包含了创作者精神情感和自我表达的寄托，文化创意产业的创作者十分关注其所创产品的价值和质量，特别关注产品独特性和差异性，以实现其自我表达的需求；3）文化创意产品创作过程的复杂性使其完成需要多种技能的结合，产品的制作通常需要借助现代高科技电子技术作为支持；4）时间因素在很大程度上影响文化创意产品的传播销售；5）文化创意产品易于保存和传播，因此其存续具有持久性，其营利具有短期性。

Khaire[12]研究分析了文化创意产业备受关注的五个特点：1）文化创意产品的消费是品味驱动的，使其成功的要素很难预测；2）文化创意产品创作者追求的是非物质利益，例如艺术的自我实现价值，使得生产者难以控制创作品的质量、特征及数量；3）文化创意产品能够呈现出多种形式，需要一系列不同技巧来制作；4）创意生产者之间有各种不同的技能，导致层级的建立；5）文化创意产品具有矛盾的时间属性，有些情况下及时地推向市场是收益的关键，而其他类型如表演的记录可能会更持久地产生长期收益流。

Scott[13]研究了文化创意产业产品的创作生产与传播过程，认为具有以下五个显著特征：1）文化创意产品的创作生产过程中经常用到各种先进技术，如设备技术和互联网技术等，因此文化创意产业需要大量的技术人员；2）中小型文化创意企业通常能够结成相互支持的企业网络，以更好地完成文化创意产品的创作生产；3）相互支持的企业网络常常形成产业集群区，为地区的人力资源市场创造了大量的就业岗位；4）这样的产业集群区通常对企业和产业的发展与进步起到一定的促进作用，具有显著的外部经济性；5）这些集群区最终能够取得真正的成功主要依赖于企业网络间的信任与合作，常常也需要相互间的资金和信息的支持。

金元浦[14]研究了当代世界文化创意产业的发展，从三个方面分析了创意产业特征。第一方面是创意产品需求的不确定性与创意产业的风险。任何产业发展的根本动力是需求的不断增加，创意产业也不例外。但是人们对创意产品的需求是精神上的，受情感和品位的影响，因此这种需求有很大的随机性和不确定性，这种不确定性使创意产业比其他产业面临更大风险。第二方面是不同创意产品之间具有显著的差异性。创意产品的差异主要分为纵向差异和横向差异。纵向差异是指相同或相似类别产品在制造水平、质量和消费者评价上的差异，例如同样是电影，有的电影能成为经典，有的却成为过眼云烟。横向差异主要是指不同类别不同特色的创意产品之间的差异，例如电影与绘画的区别。第三方面是创意人员。文化创意是创意产业的核心，而文化创意的关键在于创意人员，创意人员的组织与管理影响着创意产品的风格类型以及是否能成功。

王琪[15]指出文化创意产业与其他产业相比具有如下三个特点：一是生产投入方面，投入的主要是知识资本，具有无形性，对有形资源的使用较少，因此创意产业是典型的无污染、轻资产型行业；二是资金需求与周转方面，创意产业属于资金密集型产业，而且创意产品的创作开发周期较长，因此创意产业具有较高风险性；三是经济价值方面，创意产品及其衍生品具有较高的价值及附加值，创业产业与其他的大多数产业联系紧密，能够带动其他产业的发展及促进就业。

综合上述研究和相关文献，本研究认为文化创意产业的特点可从创意产品、创意人员、创意组织三方面来概括。首先，文化创意产品具有需求的不确定性、创作过程的高风险性；其次，文化创意人员需要创造性、多技能性，追求轻松、自由的工作环境；最后，文化创意组织的组织结构具有复杂性，既要有一般组织的层级结构来协调管理，又要为创意人员留出足够的空间，以营造良好的创意氛围。

从上述三方面特点可以看出，文化创意产业是一个“二元性”的产业，包括产品的二元性（艺术性与商业性）、人员管理的二元性（标准化管理与创意空间）、组织结构的二元性（垂直整合与柔性专业化）[16-18]。因此，文化创意产业在创新和供应链协调方面的问题比以往的传统制造业显得更加复杂，需要得到更多的关注，需要寻求系统性解决方案。

1.2 企业创新的概念与内涵

1.2.1 非文化创意企业创新的概念与内涵

在快速变化的市场环境下，创新的需求逐渐增加[19]。通过创新，企业可以抓住市场机遇[20]，更好地满足顾客需求，维持在市场竞争中的领先地位。众多学者认为，创新是企业在21世纪必须获取的核心竞争优势之一[21]。

1912 年，熊彼特在《经济发展理论》中指出，创新是经济发展与演变的动力，是企业的内在因素，是一种将生产条件与生产要素进行前所未有的重新组合的过程。后来不同学者从过程创新、流程创新与产品创新等不同角度研究了创新的定义。

有的学者将创新定义为一个过程，认为创新是一个企业或机构所采用的新的开发与实施过程[22]，该定义得到了 Avermaete 等[23]的认可与接受。另外一些定义认为创新包括流程创新和产品创新，如经济合作与发展组织(OECD)[24]提出，流程创新是能显著提高生产或交付的新方法，包括技术、设备或软件的显著改善；产品创新是引入一个能够显著改善产品的新服务。

Schumpeter[25]认为，创新是将已存在的观点、理念、创意进行创造性地整合。根据 West 等[26]的定义，创新是指在个人、团队、企业中引进和应用相关领域的观点、程序或者产品，最终使得个人、团队、企业或者社会获益的一种行为；创新不仅包含创意，如新颖和有意义的观点想法的产生，还包括将这些创意观点实施于企业之中。

1.2.2 文化创意企业创新的概念与内涵

目前鲜有学者对文化创意企业的创新做出具体的定义，但是已有学者对文化创意企业创新的内容以及创新的重点做出了研究。

中国学者朱可鑫[27]认为，文化产品创新的主要内容是，文化内容创新、符号表达创新和因此形成的技术创新。厉无畏[28]认为，文化创意企业的创新主要注重的是观念价值的创新，其中观念价值是商品所体现的无形附加物，它与人们的精神追求是一致的。Castañer 等[29]认为内容创新不足以涵盖艺术创新的所有，还包含将文化艺术商品展现给消费者的形式创新。

总之，不同于非文化创意企业创新，文化创意企业的创新更加注重文化内容及观念价值的创新。本书根据文化创意企业的特点，综合上述文献对创新的定义，将文化创意企业的创新定义为：文化创意企业通过将观点、价值、理念创意进行创造性地整合，产生新想法与创意的行为。

1.3
不同层次创新的影响因素

1.3.1　非文化创意企业不同层次创新的影响因素

创新可以发生在个人、团队及企业三个不同层次。因此本小节分别综述个体、团队与企业三个不同层次创新的影响因素。

（1）个人层次创新的影响因素

Walton[30]通过研究影响个人层次创意的员工因素，认为可以从员工的发散思维、态度和兴趣、人格特质、获取的创造性成就等方面评价员工创新的高低；同时发现，创意动机（主动与被动）、在企业中的孤独感、对相关信息的获取能力均影响员工创意的产生。针对咨询行业，Treuer等[31]探索了员工自主性和凝聚力对工作创新的影响。研究结果表明，员工自主性和员工凝聚力能够促进员工工作创新。Lin 等[32]通过调查台湾13 家企业的 398 名员工，运用跨层次的实证分析方法，提出了企业层次的企业氛围与个人层次的工作动机对个人创新具有影响作用。Scott 等[33]提出了工作中个人创新的影响因素模型，其中的因素有领导、工作团队、个人解决问题风格特征以及创新氛围。

由上可知，企业成员个体作为提供创意的重要来源，个人层次创新的影响因素有人格特质、情感因素、工作动机、企业创新氛围、领导管理因素等。

（2）团队层次创新的影响因素

Rujirawanich 等[34]针对泰国中小型企业，提出了团队创新的影响模型，认为团队创新受企业氛围因素、资源因素、环境不确定性因素、组织特征因素、创新特征的影响。氛围因素包含时间导向、个体特征、权利差距、不确定性回避、刚毅与柔性。组织特征包含灵活性与分权、对变化的态度以及承诺。West 等[35]认为团队创新受企业创新氛围的积极影响，他们提出了目标一致、参与安全性、任务导向、创新支持的企业氛围四因子模型。West 等[36]根据已有文献对团队创新影响的研究，提出了基于输入、团队过程、输出的团队创新影响因素模型。Caldwell 等[37]指出，团队创新受到对风险承担的支持、对失误的容忍度、团队精神以及行动的速度等四个因素影响。薛继东等[38]认为，影响团队创新的主要因素有团队领导、反思、创新氛围以及冲突管理。

由上可知，目前国内外文献研究结果表明，影响团队层次创新的因素有：企业创新氛围、资源因素、外部环境、组织特质、团队领导、团队冲突管理、团队反思、团队精神等。

（3）企业层次创新的影响因素

大量文献研究了企业层次创新的影响因素。其中的因素涉及企业创新氛围、知识管理能力、企业外部环境因素、供应链协调与供应链整合。

1）企业创新氛围。目前有多种关于氛围的定义方法，其中的个人认知模式方法与共享感知方法得到了国内外学者的肯定与认可。前者将氛围定义为个人对周边工作环境的认知，它揭示了个人对工作环境的理解与认识[39]。例如，James 等[40]将氛围定义为员工对工作环境的认知。与个人认知模式方法不同，后者强调共享感知是氛围的基础[41]。例如 Reichers 等[42]把企业氛围定义为对周边事物的共享理解，是员工对企业政策、惯例、程序的共同感知。Anderson 等[43]认为这两种方法，在本质上是相互融合的，并不排斥。

不少学者指出创新氛围能够积极正面影响企业整体创新。Amabile 等[44]指出，创新是企业员工与工作环境相互作用的结果，特别是企业氛围，他认为影响企业创新的企业氛围包括自主权、自由、资源、压力和创新企业的制度障碍，它反映了领导、企业远景、战略、资源、人事政策和员工所感知的所有其他工作环境。Woodman 等[45]对创新氛围的观点与 Amabile 等[44]类似，认为创新环境的重要特征能够从不同角度增强和刺激复杂社会系统的创新。Isaksen 等[46]认为，创新氛围能够促进新方法和概念的开发、同化与利用，从而促进新产品或者服务的产生。另外一些学者[47,48]指出，企业创新氛围存在于企业内部，对企业创新具有积极正面影响。叶许红等[49]通过案例分析研究了不同企业氛围对企业创新的影响，结果表明企业氛围是企业创新的关键因素。

总之，企业创新氛围存在于企业内部，并且能够被企业成员感知，而且能够很大程度上地影响企业层次创新。

2）知识管理能力。目前知识已经成为影响企业生存与发展的战略资源。Chew[50]将知识定义为 know - what、know - how、know - why 与 care - why 四个维度，并且知识又可分为显性知识与隐性知识。近年来，越来越多的学者注重知识管理能力对企业创新的作用[51,52]。

不同学者从不同角度定义了知识管理能力，研究了知识管理能力对企业创新的作用。Daghfous[52]、Darroch 等[53]提出知识管理能力是获取与共享企业内部和外部知识的能力，并认为知识获取能力对创新具有极其重要的促进作用。López – Nicolás 等[54]认为，知识管理能力是对知识进行编码与存储的能力，并且研究发现基于战略的知识管理对创新绩效具有积极正影响作用。Jantunen[55]认为，知识管理能力是知识的获取、传播与利用能力，并指出知识获取能力、知识传播能力与知识利用能力对企业创新绩效具有直接积极正影响作用。Henderson 等[56]将知识管理能力理解为对知识进行整合的能力，并认为知识的整合与运用是创新的基础。此外，Yang[57]的研究也表明，知识整合能力对创新具有积极的正面影响。Kagan[58]指出知识管理能力是通过社会网络进行知识交流与共享的能力，其案例研究结果表明，社会网络可以将企业与顾客、员工、供应商等联系起来，通过与他们之间的沟通与交流，获取相关的创新知识，从而促进企业创新。Chris 等[59]认为，知识管理能力包含知识创造能力、知识转移能力和知识存储能力，这三个方面能力对服务业创新都具有积极正影响作用。张钢[60]认为，创新过程需要进行有效的知识管理，即将信息、人、过程联系起来，运用集体智慧，实现知识共享。

由于不同学者对知识管理能力的定义不同，因此他们研究的内容与结论也具有差异。本研究将知识管理能力划分为知识获取能力、知识整合能力，并研究两者对企业创新的影响。

3）企业外部环境因素。Löfqvist[61]从资源稀缺、技术与市场的不确定性和风险性、融资渠道等四个要素，分析了企业创新的动因。Albors – Garrigos 等[62]研究了公共补贴对企业创新绩效的影响，认为外部资源、科研单位、外部协作等环境因素对企业创新绩效具有积极影响。Keizer 等[63]的研究表明，政府政策、融资途径、关系或者知识网络等企业外部因素能够有效促进企业创新。Dilek 等[64]通过调查土耳其企业，发现市场压力、销售利润是促进企业产品创新与过程创新的重要外部因素。Ruttan[65]指出，创新能够增强企业的竞争力，同时，企业之间的竞争也能激发企业创新。

陈艳梅等[66]指出，市场机制体制、政府政策、法律制度、与高校和科研机构等的人际关系，对企业的自主创新具有积极的影响。李垣等[67]的实证研究结果表明，创新支撑体系、知识产权保护、政府支持政策、社会氛围、产学研结合度、政府管理体制、竞争程度等因素能够有效促进企业自主创新。程华等[68]认为，金融因素、政府行为和政府政策等因素能够积极影响企业创新。

国内外学者的研究表明，企业外部环境因素对企业创新具有影响作用，这些外部因素包括资源、技术、市场压力、政府政策与法律、融资途径、高校与科研机构的支持等。

4）供应链协调与供应链整合。供应链是指从供应商到用户的所有流程[69]。供应链协调是供应链成员之间在完成任务过程中的一种沟通和决策方法与模式[70]。Morris 等[71]指出，供应链协调关系包括长期合作关系、信任和承诺。信任是指合作双方彼此相信对方不会做出有害于自己的事情，同时充分为对方考虑[72]。承诺是指合作伙伴之间相互帮助与支持，并保持合作关系的长期性；人际关系是指关系的发展程度[73]。供应链整合由企业内部供应链整合以及企业外部供应链整合组成。企业内部供应链整合是指企业内各部门之间的合作；企业外部供应链整合是指企业与供应商以及顾客之间的合作[74]。目前已有学者研究了供应链协调与供应链整合对企业创新的影响。

在供应链协调方面，Lee 等[75]认为，供应链成员之间的信任能够促进供应链成员之间的互动与沟通，从而使隐性知识在互动与沟通过程中实现转移，促进企业利用所获取的隐性知识进行创新。Goh[76]的实证研究证明了该研究结果的有效性。郑美莲等[77]实证研究了企业氛围对创新绩效的影响。研究结果表明企业与企业员工之间的信任与组织承诺能够提高企业的创新绩效。Roys 等[78]的实证研究结果表明，供应链关系的内部因素，如信息技术的运用、承诺和信任，以及供应链关系的外部因素，如知识的隐性、需求的稳定性和关系网络连接，对创新的产生具有影响作用。Kim[79]认为，长期合作关系是对供应链合作伙伴的一种协调，并提出长期的供应链合作关系，如供应商对制造商创新的支持，是对制造商创新行为的一种激励，它能够大大降低供应成本和扩大市场需求。王辉等[80]通过实证研究发现，供应链企业的关系质量对创新绩效具有显著影响。

对于供应链整合，有学者指出进行高度供应链整合与协作的供应链成员，通常会进行较多的创新活动[81]。Swink[82]认为，供应链整合与协作能够在创新过程中发挥极为重要的关键作用。du Preez 等[83]提出了一个创新过程模型，认为整合供应链成员，加强供应链成员之间的合作，可以促进供应链成员之间的信息与知识交流，最终促进创新的成功实施。Soosay等[84]通过案例分析发现，供应链整合与协作通过共享信息与知识、联合计划与决策等，能够促进企业的持续创新。Corsten等[85]认为，供应链协作与整合能够促进企业从合作伙伴中获取有价值的显性与隐性知识，通常这些知识能够促进企业创新。Flint[86]的研究结果表明，在变化的市场环境中，快速定位顾客需求，并根据需求设计出相应的产品是企业维持竞争优势的关键途径，企业与顾客合作，让顾客参与产品设计中，能够提高企业的顾客满意度，提升创新绩效。

尹安[87]提出了创新链与创新集群的概念，他认为，企业之间的竞争将转变为供应链之间的竞争，创新源于供应链上各成员之间的合作。夏海洋等[88]认为，驱动供应链协作创新的因素有，技术创新本身的需求、降低风险与不确定性、发挥能力与资源的互补效应、供应链的一体化与专业化的推动。翟云凯[89]从知识转移角度，研究了供应链协作创新的影响因素，认为通过供应链整合与协作，能够加强知识转移的黏性，促进知识的协同与整合，提升供应链协作创新绩效。简兆权等[90]从多方参与扩大服务创新主体、知识共享提高服务创新绩效、关系专用性促进服务创新三个方面，研究了服务供应链整合对服务业创新的影响。

由上可知，关于供应链协调对企业创新的影响，虽然研究中涉及了信任、承诺和人际关系因素对企业创新的影响，但是只是单一地研究了这些因素中的一个或是两个，并未完全涵盖这三个因素；另外，文献研究的范围或是针对企业内部，或是针对供应链成员，结合企业本身与供应链成员整体研究这些因素对企业创新的影响的文献较少。目前，针对内外部供应链的整合与协作对创新的影响也少有研究。

总之，对于企业层次创新的影响因素，国内外学者进行了大量研究，其研究角度主要集中于企业内部、企业外部环境以及供应链三个方面。在企业内部方面，文献主要集中于企业创新氛围与知识管理能力的影响；在供应链方面，文献研究主要集中于供应链协调以及供应链协作与整合的影响。

1.3.2 文化创意企业不同层次创新的影响因素

与非文化创意企业类似，对于文化创意企业，创新同样可以发生在个人、团队及企业三个不同层次。因此本小节分别综述个体、团队与企业三个不同层次创新的影响因素。

（1）个人层次创新的影响因素

Clare[91]对伦敦70位广告业创意从业人员的访谈研究表明，酒吧、咖啡厅、聚会等地点为创意人员提供了良好的创新氛围和自由沟通平台；通过这些平台，广告创意人员很容易形成自己的社交网络，有利于信息和观点的交流，从而促进个人层次的创新。Setyaningsih等[92]对印度尼西亚中小型创意企业员工的访谈研究发现，影响女性创意员工创新的因素包括领导风格、培训与学习、教育背景、资源、成就、经验、管理承诺等。Hotho等[93]对小型计算机游戏企业的案例分析结果表明，在紧张和充满压力的环境氛围中工作，会大大降低员工的创新能力。Accominotti[94]的研究发现，艺术创作活动中的相互交流、互动、合作，以及竞争，都能够促进个人艺术生涯中的创新。薛靖[95]的实证研究结果表明，知识转化能力、创新氛围以及外部关系资源等因素对创意团队中的个人创新具有显著积极的影响。

由上可知，对于文化创意企业个人层次创新的影响因素，研究者主要强调了创新氛围与环境、领导风格、互动合作的作用。

（2）团队层次创新的影响因素

Bettiol等[96]强调了社会网络对项目团队创新的作用，认为社区网络和项目网络，可以帮助团队快速找到具有相同背景的专业创意人才和项目组，共享知识与信息，及时获取对项目有利的信息。Murphy等[97]在半结构法访谈21名电视导演的基础上，运用魅力领导理论[98]，定性地分析了导演的想象力、对团队成员需求的敏感度、对环境的敏感度等魅力型领导特性对创意团队创新的影响机理。任文凭[99]研究了基于过程的创意团队创新影响因素，其实证结果表明团队中的反思、冲突管理、创新领导以及创新氛围等因素对团队创新行为具有积极的影响。

由上可知，关于文化创意企业团队层次创新的影响因素，研究者主要强调了社会网络、环境、领导等因素的重要作用。

（3）企业层次创新的影响因素

针对文化创意企业，对于企业层次创新的影响因素，国内外学者的研究主要集中于企业内部因素、企业外部环境因素和供应链因素。

1）企业内部因素。Storz[100]认为游戏运营的各个阶段是一个有机整体，其需要企业各部门员工对游戏有共同的理解，所以整合这些员工的知识对游戏软件的创新度具有显著的影响。Chen等[101]对中国动漫产业管理者的深度访谈研究结果表明，工作计划、前期制作、分销、组织支持、与相关机构的关系五个因素能够促使动漫产业的成功创新。Scott[102]提出，企业内部成员隐性知识与显性知识的共享，可以提高文化创意企业的创新能力。Castaner 等[29]发现管理者的专业背景对企业的艺术创新具有影响，指出具有艺术背景的管理者或者既经过培训又有艺术背景的管理者比只通过艺术培训的管理者更能促进企业艺术创新的形成。

2）外部环境因素。Dong 等[103]强调了知识在文化创意产业创新的作用，并通过对 18 个上海创意园区的调查，提出提高文化创意产业的创新能力，需要加强知识产权的保护、建立良好的知识共享机制与氛围、加强创意人力资源开发，同时也需要政府的法律、基金及税收支持。Lee 等[104]认为，通过整合文化创意产业、制造业、研发和教育机构等平台以及与这些机构的合作，可以从战略上促进文化创意产业的整体创新。Scott[102]认为由于地理文化背景的差异，不同地理区域的文化创意企业创新也不一样；同时发现，在强烈的市场竞争压力下，文化创意企业进行创新的倾向会更高，同时通过与高校、科研机构、政府等机构合作，能够获取用于创新的最新知识，从而促进创新。

厉无畏[28]认为，文化创意产业是以价值创造为驱动的，需要实现从产品创新到价值创新的转变，因此文化创意企业创新需要创造、发现、挖掘新的价值，需要金融、科技媒体等产业的支持，需要与饮料、酒吧等配套产业及衍生产业的完美结合。程坚军[105]通过借鉴英国创意产业的成功经验，认为创意型人才是文化创意企业持续创新的关键与基石，为了加强文化创意企业的创新，需要国家、政府相关部门以及社会组织加大对创意人才的培养。胡晓鹏[106]提出，中国文化创意产业的创新需要整合处于分散状态的人才、科技、品牌、设计、管理等高价值资源，构建具有本土特色的学习型组织，推进政府、高校、科研单位、媒体等机构的结合，创造健全的创意生成环境。赵瑾璐等[107]针对北京创意产业创新，提出在教育方面，针对市场需求应该加强创新思维能力的培养；在创意产生阶段，政府应该提供充足资金，完善知识产权政策等，为文化创意的产生提供良好的社会氛围；企业应该整合各类资源，突出并充分发挥自身优势。

3）供应链因素。Guy 等[108]对数字创意产业的调查证实，通过建立网络顾客社区，通过网络与用户进行沟通交流，并从中提取有利于创新的知识与信息，可以实现与顾客的合作创新。Scott[102]的研究发现，生产文化产品的企业通过与供应链下游企业合作，可以激发企业创新的灵感。例如，影视制作企业通过与电影院以及电视台合作，可以从电影院以及电视台提供的信息中，找到有利于企业创新的元素。

总之，国内外学者已经从企业内部因素、外部环境因素、供应链因素三方面研究了文化创意企业创新的影响因素。但是，此类研究还较少，未发现同时研究这三方面因素对文化创意企业创新影响的文献。

1.4 供应链与供应链协调的概念和内涵

1.4.1 传统制造业供应链的概念和内涵

供应链相关学者普遍认为供应链的概念由 Michael Porter 提出的价值链概念演化而来。20 世纪 80 年代，美国著名管理学专家 Michael Porter[109] 教授提出了价值链模型。该模型认为，企业内部运作过程的一系列增值活动构成价值链。例如企业的研发、采购、生产、配送、市场销售等增值活动可以组合成一条典型的价值链。当价值链的概念从企业扩展到产业，就逐渐形成了供应链的概念[110]。

对于供应链，目前学界尚未形成一个统一的定义。国内外学者从不同角度，给出了多种供应链定义。Lee 等[111] 认为，供应链是一个网络，企业通过与网络中的上游企业合作获取原材料，生产出半成品或成品，再通过下游企业把产成品送达消费者手中。Christopher[112] 认为，供应链是一个涉及把产品或服务提供给最终消费者的过程以及与活动的上游和下游相互联系的组织网络。

蓝伯雄等[113] 认为，供应链是一条价值增值链，这条增值链由供应商、生产商、分销商、零售商和运输商等一系列企业组成。董安邦等[114] 把供应链定义为包括原材料采购、运输、生产制造、分销渠道，最终到达消费者手中的一系列价值增值活动构成的网链结构。刘华等[115] 认为，供应链是一种始于原材料的采购，进而将原材料通过企业生产过程转化为半成品或最终产品，最终把产品销售到消费者的功能性网链。马士华等[116] 把供应链定义为一种核心企业与上下游合作伙伴通过信息流、物流、资金流的运作，把最初的原材料转化为中间产品，进而是最终产品，最后把产品送到消费者手中的整体性的功能结构网络。

1.4.2　文化创意产业供应链的概念和内涵

关于文化创意产业供应链的概念，国内文献从产业链和价值链角度进行了较多研究，尚未发现类似的国外文献。

邢华[117]认为，一般而言，文化创意产业价值链包括文化创意产业的各个增值环节和增值活动，是由一系列增值环节和活动组成的相互联系、相互影响的整体，这种相互联系的整体结构分为网链结构和线性结构。欧阳友权[118]认为，广义上说文化创意产业与其他产业相比，其产品的生产创作流程并没有什么本质的不同之处，文化创意产业的产品生产经营流程与其他产业也没有本质不同，大体上都遵循“采购、生产、销售、服务”这一模式。从文化创意产业具体创作流程看，其创作过程包括内容创意、生产创作、营销推广、二次开发和衍生品开发等众多关联环节，这些环节构成了紧密联系、不断重复循环的供应链条。董承华[119]从政府角度研究了文化创意产业及文化创意产业链，认为文化创意产品应当具有鲜明的文化内涵和时代特征，进而指出文化创意产业链是能把文化、创意与市场这三者紧密联系，创作出满足文化内涵和时代特征要求的产品或服务的产业供应链条。

王劭君[120]等研究了文化创意产业中的影视创意产业，把影视创意产业链划分为三大部分和六大模块。三大部分是内容创意、设计生产和营销服务。六大模块则是资源获取、剧本创作、拍摄生产、出版发行、宣传放映、成果展示。傅琳雅[121]根据文化创意产品的创作生产过程，从产业链的上游、中游和下游等三个阶段构建了文化创意产业链。产业链的上游主要包括内容、创意、开发等活动，属于创意构想和概念设计环节。产业链的中游主要包括生产、设计、制作等活动，属于创意产品的生产设计和制作生成环节。产业链的下游主要包括营销、推广、管理等活动，属于文化创意产业产品营销和推广销售环节。上、中、下游三个环节既相互联系又相互影响，共同构成了文化创意产业链。

综上所述，结合文化创意产业及供应链的相关研究，本研究将文化创意产业供应链定义为，文化创意产业中的相关企业为满足消费者的文化产品（服务）需求，将创意转化为产品（服务）的过程中的一系列活动所构成的网链结构，涉及的活动主要有技术集成、内容创意、生产制作、营销推广、传播渠道等。其网链结构如图 1 - 1 所示。

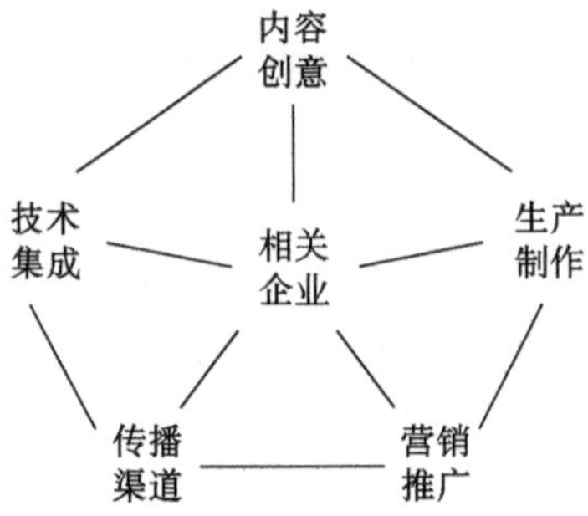

图 1－1 文化创意产业供应链的网链结构

1.4.3 传统制造业供应链协调的概念和内涵

Simatupang 等[122]把供应链协调定义为，两个或多个链上成员为了获得比单独行动更高的利润，通过信息共享、共同决策和收益共享共同创造竞争优势。他们还指出供应链协调包括 5 个方面内容，即协调绩效体系、信息共享、共同决策、激励联盟以及集成的供应链流程。Kampstra 等[123]认为，供应链协调是经济上相互独立的实体通过供应链上相互依赖的共同行动，确保链上的实体能够得到协调产出。Fawcett 等[124]认为，供应链协调旨在更好地满足消费者的需求，为了实现该目的需要供应链上的企业相互合作，建立并管理跨越组织边界的供应链增值流程。Cao 等[125]认为，供应链协调有多种定义方式，但是基本上可归纳为流程导向和关系导向两类。结合流程导向和关系导向，Cao 等[125]把供应链协调定义为一个合作过程，在此过程中为了共同的目标和共同的利益，两个或多个独立的公司密切合作制定并执行计划，实现供应链运作。

唐晓波等[126]认为，供应链协调是指通过供应链中各个关键节点之间建立有效沟通和协调机制，使各个节点成员保持沟通，并使之都能遵循供应链整体效益最大化的规则来经营和运行。邹辉霞[127]认为，简单而言，供应链协调是供应链上的各成员企业相互博弈后共同制定一套“游戏规则”，明确约定各个成员企业应承担的责任及应分配的收益，保证各成员企业协调同步，最终实现供应链整体目标。曾文杰[128]认为，供应链协调是相关企业为了通过提高供应链整体竞争力进而增加自身收益和竞争力而作出的努力和博弈。

综上所述，国内外文献从不同角度给出了供应链协调的定义，分析了供应链协调的目的及其实现手段。

1.4.4 文化创意产业供应链协调的概念和内涵

尚未发现正式提出文化创意产业供应链协调概念的文献，本书尝试结合文化创意产业的特点以及传统制造业供应链协调的定义，给出文化创意产业供应链协调的定义。

文化创意产业与传统制造业相比，在产品、组织、产业形态等方面有较大的不同之处。但是，文化创意产业供应链是针对文化创意产业的供应链，具有一般供应链的特征，其需要协调的内容如供应链成员关系的协调等与制造业供应链有相似之处。因此，参考制造业供应链协调的定义并结合文化创意产业的特点，可以将文化创意产业供应链协调定义为：包括组织间协调和组织内协调，其目的是通过组织间和组织内的一系列协调活动，创作出满足消费者需求的高质量的文化创意产品（或服务）。

1.5 传统制造业与文化创意产业供应链协调性的评价

1.5.1 传统制造业供应链协调性的评价

Simatupang 等[129]从信息共享、决策同步、激励联盟三方面构建了一个供应链协调评价模型，并通过对新西兰公司的问卷调查研究，验证了该评价模型，计算出了协调指数。Anbanandam 等[130]通过对印度服装零售产业的案例研究，构建了一个包括领导承诺、信息共享、伙伴间信任、长期关系、风险与收益共享的协调评价模型，并在问卷调查的基础上，运用图论方法，对该模型进行了实证分析，得到了服装零售产业的供应链协调现状。Cao 等[125]在总结文献的基础上，认为供应链协调包括七个相互连接的部分：信息共享、目标一致、共同决策、激励联盟、资源共享、协作沟通以及联合知识创造，可以从这七个部分进行供应链协调性评价研究。

张翠花等[131]从“流动”的角度研究了供应链协调，进而从五个方面构建了一个供应链协调性绩效评价模型，即信息流、业务流、资金流、客户服务、系统适应性，并基于此模型，用定性和定量相结合的方法对某食品公司的供应链协调性进行了评价。凌鸿等[132]从相对宏观角度研究了供应链协同，他们认为供应链协同的关键影响因素主要来自组织、环境、技术三个方面，通过对这三个方面的详细分析，提出了供应链协同影响因素的初步研究框架。

综上所述，较多文献研究了传统制造业供应链协调性评价。但是以往对供应链协调性评价的研究多集中在供应链不同组织间的协调，忽视了组织自身内部的协调。然而供应链协调不仅包括组织间的协调，也包括组织自身内部的职能间协调[133,134]，因此有必要考虑职能间协调。

组织内职能间协调是组织间协调的基础。Arshinder[135]等认为，供应链协调包括不同职能间及不同界面间的协调，其中的职能包括产品设计、预测、物流、库存管理等。Teck - Yong[136]认为供应链中的跨职能协调可被定义为业务职能间的供应链活动及信息流之间的有目的的协调，并通过对英国高科技公司的调查研究，证实了组织规范通过职能间协调对供应链响应及企业绩效的影响。

1.5.2 文化创意产业供应链协调性的评价

Roberts[137]研究了电视产品开发过程中面临的创意与商业之间的冲突及协调。Thompson 等[138]研究了流行音乐产品从概念到最终消费需要经历的一系列环节，指出在这一系列环节中创造性具有二元性。音乐家一方面需要自我管理创造性，另一方面在组织框架内面临着许多管理问题，如资源的获取、作品推广上市等。Lampel 等[139]在分析文化产品及文化产业特点之后，提出了文化产业组织需要协调 5 对矛盾：艺术价值与大众娱乐、产品的熟悉性与新颖性、需求分析与市场建设、垂直整合与柔性专业化、个人灵感与创造性体制。Storz[140]通过对日本游戏软件产业的研究，认为游戏软件的创作涉及创意设计、开发、制作、营销等不同阶段；在这些阶段中需要设计师、开发师、插图师、音效工程师、项目师、测试师、营销专家等具有不同专业背景和不同技能的员工，需要这些员工对开发的游戏保持一致的理解，需要协调整合由拥有不同专业和不同技能的员工掌握的知识，以实现游戏软件价值的最大化，因此如何协调整合成为企业亟待解决的问题；该问题的解决对企业的进一步持续稳定发展具有极为重要的作用。

Rüling 等[141]通过对 127 位电影制作专业人士的访问，研究了数字特效制作过程中数字化拼凑所涉资源的特性及协调机制。Tschang[142]研究了影响视频游戏产业创造性的因素，通过对行业、出版商、工作室和消费者四个层次的调查和分析，得出了在各层次协调理性与创造性的方法。Cohendet 等[143]通过案例研究，阐述了当面临大众娱乐经济性约束时，视频游戏公司同时兼顾创造性管理与艺术价值表现的方法。

由上可知，文献对文化创意产业协调性的研究大多集中于阐述和如何解决某个或某几个具体需要协调的问题，尚未发现有关评价的研究。

1.6 本章小结

为奠定本研究的理论背景，本章进行了文献总结与分析。内容涉及文化创意产业的概念与特征、非文化创意企业创新与文化创意企业创新的概念以及不同层次创新的影响因素、文化创意产业供应链的概念及其结构、传统制造业供应链协调、组织职能协调与文化创意产业供应链协调的概念、文化创意产业供应链协调性评价。

通过上述文献整理与分析，得到如下主要结论：

1）针对文化创意企业创新影响因素的研究较少，研究不全面，多为定性研究，并且主要集中于文化创意企业外部环境因素的研究。

2）不少学者实证研究了非文化创意企业创新影响因素，但是综合企业内部、企业外部环境和供应链等三类因素对企业创新影响因素的全面研究较少。

3）通过整理和归纳有关非文化创意企业与文化创意企业创新影响因素的相关文献，本研究从企业内部因素、企业外部环境因素和供应链因素等三方面，综合得到了企业创新氛围、企业外部环境因素、知识获取能力、知识编码与存储、知识整合能力、供应链协调的信任、承诺及人际关系、企业内部供应链整合与企业外部供应链整合等十个影响因素。有关这些影响因素的文献主要集中于非文化创意企业，缺乏针对文化创意企业的研究，各个影响因素对文化创意企业创新的影响程度和影响机理尚待进一步明晰。因此，采用定性与定量调查相结合的研究方法，获取各影响因素并分析其对文化创意企业创新的影响程度和影响机理是十分必要的。

4）现有文献集中研究了传统制造业供应链协调性评价，欠缺对文化创意产业供应链协调性评价的研究，尤其欠缺其评价模型和方法的研究。

参考文献

［1］张京成．中国创意产业发展报告（2006）［J］．北京：中国经济出版社，2006.

［2］厉无畏，顾丽英．创意产业价值创造机制与产业组织模式［J］．学术月刊，2007，8（39）：78－82.

［3］黄学，魏江，刘洋．二元视角下的文化创意产业模块化研究［J］．外国经济与管理，2012，34（12）：30－38.

［4］理查德·凯夫斯，孙排．创意产业经济学：艺术的商业之道［M］．北京，新华出版社，2004，47－48.

［5］Howkins J.，李璞良．创意经济［M］．台北，典藏艺术家庭股份有限公司．2003.

［6］CITF（Creative Industries Task Force）2001，http：//www. culture. gov. uk/creative/mapping. html.

［7］UNCTAD，“Creative Economy Report 2010”，p. 5. http：//www. unctad. orgl creative－economy.

［8］DCMS. Creative Industry：Mapping Document. United Kingdom. Department of Culture，Media and Sports. 1998.

［9］Galloway S.，Dunlop S. Deconstructing the concept of ‘Creative Industries’［J］. Cultural industries，2006，12：33－52.

［10］文化及相关产业分类（2012）．http：//www. stats. gov. cn/tjsj/tjbz/201207/ t20120731_ 8672. html.

［11］Caves R. E. Creative Industries：Contracts between Art & Commerce［M］. Harvard University Press，2000.

［12］Mukti K. Creative Industries in History［J］. Business History Review，2011（85）：237－244.

［13］Scott A. J. The cultural economy of cities［J］. International journal of urban and regional research，1997，21（2）：323－339.

［14］金元浦．当代世界创意产业的概念及其特征［J］．电影艺术，2006，03：5－10.

[15] 王琪．创意产业的本质与特征 [J]．甘肃理论学刊，2009，4：20－26.

[16] Robert D., Gernot G., Candace J. Introduction to paradoxes of creativity: managerial and organizational challenges in the cultural economy [J]. Journal of Organizational Behavior, 2007, 28 (5): 211－221.

[17] Eikhof D. R., Haunschild A. For art's sake: Artistic and economic logics in creative production [J]. Journal of Organizational Behavior, 2007, 28 (5): 523－538.

[18] Eikhof D. R., Haunschild A. Lifestyle meets Market: Bohemian entrepreneurs in creative industry [J]. Creativity and Innovation Management, 2006, 15 (3): 234－241.

[19] Hovgaard A., Hansen E. Innovativeness in the forest products industry [J]. Forest Products Journal, 2004, 54 (1): 26－33.

[20] Gudmundson D., Tower C. B., Hartman E. A. Innovation in small businesses: culture and ownership structure do matter [J]. Journal of Developmental entrepreneurship, 2003, 8 (1): 1－18.

[21] Kanter R. Strategies for success in the new global economy [J], Strategy & Leadership, 1997, 25 (6): 20－26.

[22] Damanpour F. Organizational complexity and innovation: developing and testing multiple contingency models [J]. Management science, 1996, 42 (5): 693－716.

[23] Avermaete T., Viaene J., Morgan E. J., et al. Determinants of innovation in small food firms [J]. European Journal of Innovation Management, 2003, 6 (1): 8－17.

[24] OECD. Oslo Manual: Guidelines for Collecting and Interpreting Innovation Data, 3rd ed., OECD, Paris, 2005.

[25] Schumpeter J. A. The theory of economic development: An inquiry into profits, capital, credit, interest, and the business cycle [M]. University of Illinois at Urbana－Champaign's Academy for Entrepreneurial Leadership Historical Research Reference in Entrepreneurship, 1934.

[26] West M., Farr J. L. Innovation and creativity at work: Psychological and organizational strategies [M]. John Wiley & Sons, 1991.

[27] 朱可鑫．文化产品创新设计模式研究 [J]．管理观察，2012

(15): 232 -233.

[28] 厉无畏. 文化创意的产业化与产业创新 [J]. 同济大学学报, 2009, 20 (1): 41 -44.

[29] Castaner X., Campos L. The determinants of artistic innovation: Bringing in the role of organizations [J]. Journal of Cultural Economics, 2002, 26 (1): 29 -52.

[30] Walton A. P. The impact of interpersonal factors on creativity [J]. International Journal of Entrepreneurial Behaviour & Research, 2003, 9 (4): 146 -162.

[31] Treuer K. V., McMurray A. J. The role of organisational climate factors in facilitating workplace innovation [J]. International journal of entrepreneurship and innovation management, 2012, 15 (4): 292 -309.

[32] Lin C. Y. Y., Liu F. C. A cross - level analysis of organizational creativity climate and perceived innovation: The mediating effect of work motivation [J]. European Journal of Innovation Management, 2012, 15 (1): 55 -76.

[33] Scott S. G., Bruce R. A. Determinants of innovative behavior: A path model of individual innovation in the workplace [J]. Academy of management journal, 1994: 580 -607.

[34] Rujirawanich P., Addison R., Smallman C. The effects of cultural factors on innovation in a Thai SME [J]. Management Research Review, 2011, 34 (12): 1264 -1279.

[35] West M. The social psychology of innovation in groups [J]. 1990: 309 -333.

[36] West M. A. Sparkling fountains or stagnant ponds: An integrative model of creativity and innovation implementation in work groups [J]. Applied Psychology, 2002, 51 (3): 355 -387.

[37] Caldwell D. F., O'Reilly C. A. The Determinants of Team - Based Innovation in Organizations The Role of Social Influence [J]. Small Group Research, 2003, 34 (4): 497 -517.

[38] 薛继东, 李海. 团队创新影响因素研究述评 [J]. 外国经济与管理, 2009, 31 (2): 25 -32.

[39] Afuah, A. Innovation management: Strategies, implementation,

and Profits [M]. New York: Oxford University Press, 1998: 48 – 72.

[40] James L. R., Sells S. B. Psychological climate: Theoretical perspectives and empirical research [J]. Toward a psychology of situations: An interactional perspective, 1981: 275 – 295.

[41] Koys D. J., DeCotiis T. A. Inductive measures of psychological climate [J]. Human Relations, 1991, 44 (3): 265 – 285.

[42] Reichers A. E., Schneider B. Climate and culture: An evolution of constructs [J]. Organizational climate and culture, 1990, 1: 5 – 39.

[43] Anderson N. R., West M. A. Measuring climate for work group innovation: development and validation of the team climate inventory [J]. Journal of organizational behavior, 1998, 19 (3): 235 – 258.

[44] Amabile, T. M.. A model of creativity and innovation in organizations [J]. Research in organizational behavior, 1988 (10): 123 – 167.

[45] Woodman R. W., Sawyer J E, Griffin R W. Toward a theory of organizational creativity [J]. Academy of management review, 1993: 293 – 321.

[46] Isaksen S. G., Lauer K. J., EKVALL G. Situational outlook questionnaire: A measure of the climate for creativity and change [J]. Psychological Reports, 1999, 85 (2): 665 – 674.

[47] Ekvall G., Ryhammar L. The creative climate: Its determinants and effects at a Swedish university [J]. Creativity Research Journal, 1999, 12 (4): 303 – 310.

[48] Bharadwaj S., Menon A. Making innovation happen in organizations: individual creativity mechanisms, organizational creativity mechanisms or both? [J]. Journal of Product Innovation Management, 2000, 17 (6): 424 – 434.

[49] 叶许红，张彩江，廖振鹏．组织氛围对企业创新实施影响研究[J]．科研管理，2006，27 (1): 75 – 79.

[50] Chew W. B., Leonard – Barton D, Bohn R E. . Beating Murphy's Law [J]. Sloan Management Review, 1991: 5 – 16.

[51] Nonaka I. A dynamic theory of organizational knowledge creation [J]. Organization science, 1994, 5 (1): 14 – 37.

[52] Daghfous A., White G. R. Information and innovation: a comprehensive representation [J]. Research Policy, 1994, 23 (3): 267 – 280.

[53] Darroch J., McNaughton R. Knowledge management and innovation

[J]. Department of Marketing, University of Otago, Dunedin, 2001.

[54] López - Nicolás C., Meroño - Cerdán Á. L. Strategic knowledge management, innovation and performance [J]. International journal of information management, 2011, 31 (6): 502 - 509.

[55] Jantunen A. Knowledge - processing capabilities and innovative performance: an empirical study [J]. European Journal of Innovation Management, 2005, 8 (3): 336 - 349.

[56] Henderson R. M., Clark K. B. Architectural innovation: the reconfiguration of existing product technologies and the failure of established firms [J]. Administrative science quarterly, 1990: 9 - 30.

[57] Yang J. Knowledge integration and innovation: Securing new product advantage in high technology industry [J]. The Journal of High Technology Management Research, 2005, 16 (1): 121 - 135.

[58] Okatan K., Managing Knowledge for Innovation and Intra Networking: A Case Study [J]. Procedia - Social and Behavioral Sciences, 2012, 62: 59 - 63.

[59] Chris S., David K., Innovation in Services: The Need for Knowledge Management. Australasian Marketing Journal, 10 (1), 2002.

[60] 张钢. 企业组织创新过程中的学习机制及知识管理 [J]. 科研管理, 1999, 20 (3): 40 - 45.

[61] Löfqvist L. Motivation for innovation in small enterprises [J]. International Journal of Technology Management, 2012, 60 (3): 242 - 265.

[62] Albors - Garrigos J., Barrera R. R. Impact Of Public Funding On A Firm'S Innovation Performance: Analysis Of Internal And External Moderating Factors [J]. International Journal of Innovation Management, 2011, 15 (06): 1297 - 1322.

[63] Keizer J. A., Dijkstra L., Halman J. I. M. Explaining innovative efforts of SMEs.: An exploratory survey among SMEs in the mechanical and electrical engineering sector in The Netherlands [J]. Technovation, 2002, 22 (1): 1 - 13.

[64] Güngör D. ö., Gözlü S. Influencing factors of innovation for Turkish companies [J]. International Journal of Quality and Service Sciences, 2012, 4 (4): 374 - 386.

[65] Ruttan V. W. Usher and Schumpeter on invention, innovation, and technological change [J]. The quarterly journal of economics, 1959: 596 – 606.

[66] 陈艳梅，刘鹏. 外部因素对企业自主创新的影响 [J]. 北方经贸，2012，6：068.

[67] 李垣，刘衡，方润生. 外部因素对企业自主创新的影响 [J]. 统计与决策，2007，20：46 – 48.

[68] 程华，姚增辉. 企业自主创新主要外部因素实证研究和对策建议 [J]. 浙江理工大学学报，2009，26 (2)：272 – 278.

[69] Stevens G. C. Integrating the supply chain [J]. International Journal of Physical Distribution & Logistics Management, 1989, 19 (8): 3 – 8.

[70] Malone T. W., Crowston K. The interdisciplinary study of coordination [J]. ACM Computing Surveys (CSUR), 1994, 26 (1): 87 – 119.

[71] Morris M., Carter C. R. Relationship marketing and supplier logistics performance: an extension of the key mediating variables model [J]. Journal of Supply chain management, 2005, 41 (4): 32 – 43.

[72] Moorman C., Deshpande R., Zaltman G. Factors affecting trust in market research relationships [J]. The Journal of Marketing, 1993: 81 – 101.

[73] Ravi V., Shankar R., Tiwari M. K. Productivity improvement of a computer hardware supply chain [J]. International Journal of Productivity and Performance Management, 2005, 54 (4): 239 – 255.

[74] Fabbe – Costes N., Jahre M. Supply chain integration and performance: a review of the evidence [J]. International Journal of Logistics Management, The, 2008, 19 (2): 130 – 154.

[75] Lee H., Choi B. Knowledge management enablers, processes, and organizational performance: an integrative view and empirical examination [J]. Journal of management information systems, 2003, 20 (1): 179 – 228.

[76] Goh S. C. Managing effective knowledge transfer: an integrative framework and some practice implications [J]. Journal of knowledge management, 2002, 6 (1): 23 – 30.

[77] Zheng M., Zhu X. P., Yang J. The influence of the team climate on team innovation performance: An empirical study based on Chinese High Technology Innovation Teams [C] //Information Management, Innovation Management and Industrial Engineering (ICIII), 2010 International Conference

on. IEEE, 2010, 3: 245 -249.

[78] Roy S. , Sivakumar K. , Wilkinson I. F. Innovation generation in supply chain relationships: a conceptual model and research propositions [J]. Journal of the Academy of Marketing Science, 2004, 32 (1): 61 -79.

[79] Kim B. Coordinating an innovation in supply chain management [J]. European Journal of Operational Research, 2000, 123 (3): 568 -584.

[80] 王辉，张慧颖，吴红翠．供应链间关系质量对知识吸收能力和企业合作创新绩效的影响研究 [J]. 统计与信息论坛, 2012, 27 (11): 99 -105.

[81] Simatupang T. M. , Sridharan R. The collaborative supply chain [J]. International Journal of Logistics Management, The, 2002, 13 (1): 15 -30.

[82] Swink M. Building collaborative innovation capability [J]. Research -technology management, 2006, 49 (2): 37 -47.

[83] Du Preez N. D. , Louw L. A framework for managing the innovation process [C] //Management of Engineering & Technology, 2008. PICMET 2008. Portland International Conference on. IEEE, 2008: 546 -558.

[84] Soosay C. A. , Hyland P. W. , Ferrer M. Supply chain collaboration: capabilities for continuous innovation [J]. Supply Chain Management: An International Journal, 2008, 13 (2): 160 -169.

[85] Corsten D. , Felde J. Exploring the performance effects of key -supplier collaboration: an empirical investigation into Swiss buyer -supplier relationships [J]. International Journal of Physical Distribution & Logistics Management, 2005, 35 (6): 445 -461.

[86] Flint D. J. , Larsson E. , Gammelgaard B. Exploring processes for customer value insights, supply chain learning and innovation: an international study [J]. Journal of Business Logistics, 2008, 29 (1): 257 -281.

[87] 尹安．在供应链视角下分析从创新链到创新集群 [J]. 价值工程, 2009, 28 (1): 64 -67.

[88] Gaoxiang L. , Haiyang X. Motives of supply chain collaboration on technological innovation: an empirical study in Yangtze Delta [C] //Internet Technology and Applications, 2010 International Conference on. IEEE, 2010: 1 -4.

[89] Yun -kai Z. Effect on the inter -nodes cooperative innovation per-

formance of supply chain from knowledge transfer stickiness (KTS) [C] // Management Science and Engineering, 2009. ICMSE 2009. International Conference on. IEEE, 2009: 642 - 650.

[90] 简兆权, 李雷, 柳仪. 服务供应链整合及其对服务创新影响研究述评与展望 [J]. 外国经济与管理, 2013, 35 (1): 37 - 46.

[91] Clare K. The essential role of place within the creative industries: Boundaries, networks and play [J]. Cities, 2012.

[92] Setyaningsih S., Rucita C. P., Hani U., et al. Women Empowerment through Creative Industry: A Case Study [J]. Procedia Economics and Finance, 2012, 4: 213 - 222.

[93] Hotho S., Champion K. Small businesses in the new creative industries: innovation as a people management challenge [J]. Management Decision, 2011, 49 (1): 29 - 54.

[94] Accominotti F. Creativity from interaction: Artistic movements and the creativity careers of modern painters [J]. Poetics, 2009, 37 (3): 267 - 294.

[95] 薛靖. 创意团队成员个人创新行为影响因素实证研究 [D]. 浙江大学博士学位论文, 2006.

[96] Bettiol M., Sedita S. R. The role of community of practice in developing creative industry projects [J]. International Journal of Project Management, 2011, 29 (4): 468 - 479.

[97] Conger J. A., Kanungo R. N. Charismatic leadership in organizations: Perceived behavioral attributes and their measurement [J]. Journal of organizational behavior, 1994, 15 (5): 439 - 452.

[98] Murphy S. E., Ensher E. A. A qualitative analysis of charismatic leadership in creative teams: The case of television directors [J]. The Leadership Quarterly, 2008, 19 (3): 335 - 352.

[99] 任文凭. 团队过程视角下的创新影响因素研究 [D]. 南京财经大学, 2010.

[100] Storz C. Dynamics in innovation systems: Evidence from Japan's game software industry [J]. Research Policy, 2008, 37 (9): 1480 - 1491.

[101] Dong Q., Gao C. Knowledge Engineering, Intellectual Capital of Creative Industry Park Based on Multi - objective Decision - Making and Entropy Methods [J]. Systems EngineeringProcedia, 2012 (3): 326 - 332.

[102] Chen X., Wei J., Huang X. Success factors of innovation in creative industry in China: Case study on animation companies [C] //Management of Innovation and Technology (ICMIT), 2010 IEEE International Conference on. IEEE, 2010: 800-805.

[103] Scott, A. J. Entrepreneurship, innovation and industrial development: geography and the creative field revisited. Journal of Small business economics, Small Business Economics, 2006, 26 (1): 1-24.

[104] Lee T. C., Kai-Ching Chan P. Integrated Creative Platform (ICP)™: Strategic innovation for China's creative cultural industries [C] // Computer-Aided Industrial Design and Conceptual Design, 2008. CAID/CD 2008. 9th International Conference on. IEEE, 2008: 1355-1359.

[105] 程坚军. 对我国文化创意产业发展及人才培养的思考——以英国文化创意产业发展为例 [J]. 中国广播电视学刊, 2010 (7): 63-65.

[106] 胡晓鹏. 技术创新与文化创意: 发展中国家经济崛起的思考 [J]. 科学学研究, 2006, 24 (1): 125-129.

[107] 赵瑾璐, 潘志恒. 浅析北京文化创意产业的发展 [J]. 中国特色社会主义研究, 2007 (2): 79-83.

[108] Guy P., Vincent M. Orchestrating innovation with user communities in the creative industries [J]. Technological Forecasting and Social Change, 2013: 1-14.

[109] Michael Porter, 陈小悦. 竞争优势 [M]. 北京, 华夏出版社, 2010.

[110] 张令荣. 供应链协同度评价模型研究 [D]. 大连理工大学, 2011.

[111] Lee H., Billington C.. Material Management in Decentralized Supply Chain [J]. Operations Researeh, 1993, 41 (5): 835-847.

[112] Christopher M. Logistics and Supply Chain Management [M]. . London U. K.: Pitman Publish, 1998.

[113] 蓝伯雄, 郑小娜, 徐心. 电子商务时代的供应链管理 [J]. 中国管理科学, 2000 (3): 1-7.

[114] 董安邦, 廖志英. 供应链管理的研究综述 (J). 工业工程, 2002 (9): 16-20.

[115] 刘华, 林玲玲, 吴霞. 供应链管理 [M]. 北京: 清华大学出版

社，2008.

[116] 马士华，林勇．供应链管理（第三版）[M]．北京：机械工业出版社，2005.

[117] 邢华．文化创意产业价值链整合及其发展路径探析 [J]．经济管理，2009，02 (31)：37－41.

[118] 欧阳有权．文化创意产业概论 [M]．长沙：湖南人民出版社，2007.

[119] 董承华，王颖莉．产业链研究：发展文化创意产业的关键环节 [J]．北京工业大学学报（社会科学版），2013，02 (12)：30－33.

[120] 王劭君，周彬，鲍蔚．影视文化创意产业链及其技术路径研究 [J]．昆明理工大学学报（社会科学版），2011，11 (2)：74－79.

[121] 傅琳雅．文化创意产业链的构建及发展战略 [J]．沈阳工业大学学报（社会科学版），2014，7 (2)：108－111.

[122] Simatupang T. M., Wright A. C., Sridharan R. The knowledge of coordination for supply chain integration [J]. Business Process Management Journal, 2002, 03 (08): 289－308.

[123] Kampstra R. P., Ashayeri J., Gattorna J. L. Realities of supply chain collaboration [J]. International Journal of Logistics Management, 2006, 17 (3): 312－330.

[124] Fawcett S. E., Gregory M. M., Matthew W. M. A three－stage implementation model for supply chain collaboration [J]. Journal of Business Logistics, 2008, 29 (1): 93－112.

[125] Cao M., Zhang Q. Supply chain collaboration: Impact on collaborative advantage and firm performance [J]. Journal of Operations Management, 2011, 29 (3): 163－180.

[126] 唐晓波，黄圆圆．协同学在供应链协同中的应用研究 [J]．情报方法，2005，(8)：23－25.

[127] 邹辉霞．企业供应商选择方法探析 [J]．科技进步与对策，2004 (2)：102－105.

[128] 曾文杰，马士华．供应链合作关系相关因素对协同的影响研究 [J]．工业工程与管理，2010，15 (2)：1－7.

[129] Simatupang T. M., Sridharan R. The collaboration index: a measure for supply chain collaboration [J]. International Journal of Physical Distri-

bution & Logistics Management, 2005, 35 (1): 44 – 62.

[130] Anbanandam R., Banwet D. K., Ravi S. Evaluation of supply chain collaboration: a case of apparel retail industry in India [J]. International Journal of Productivity and Performance Management, 2011, 60 (2): 82 – 98.

[131] 张翠华，任金玉，于海斌．供应链协同管理的研究进展 [J]. 系统工程, 2005, 23 (4): 1 – 6.

[132] 凌鸿，袁伟．企业供应链协同影响因素研究 [J]. 物流科技, 2006, 127 (29): 92 – 96.

[133] Theodore P. Stank S. B. Keller P. J. Daugherty. Supply Chain Collaboration and Logistical Service Performance [J], Journal of Business Logistics, 2001, 22 (1): 29 – 47.

[134] Tage S., Christian T., Claus A. Supply chain collaboration: Theoretical perspectives and empirical evidence [J]. International Journal of Physical Distribution & Logistics Management, 2003, 33 (6): 531 – 549.

[135] Arshinder A., Kanda S. G. Deshmukh. Supply chain coordination: Perspectives, empirical studies and research directions [J]. International Journal of Productions Economics, 2008, 115: 316 – 335.

[136] Teck – Yong E. An investigation into the mediating role of cross – functional coordination on the linkage between organizational norms and SCM performance [J]. Industrial Marketing Management, 2006, 35: 762 – 773.

[137] James P. R. Revisiting the creative/commercial clash: an analysis of decision – making during product development in the television industry [J]. Media, Culture & Society, 2010, 32 (05): 761 – 781.

[138] Paul T., Michael J., Chris. From conception to consumption: creativity and the missing managerial link [J]. Journal of Organizational Behavior, 2007, (28): 625 – 640.

[139] Joseph L., Theresa L., Jamal S. Balancing act: Learning from organizing practices in cultural industries [J]. Organization Science, 2000, 11 (3): 263 – 269.

[140] Storz C. Dynamics in innovation systems: Evidence from Japan's game software industry [J]. Research Policy, 2008, 37 (9): 1480 – 1491.

[141] Charles – Clemens R., Raffi D. Digital bricolage: Resources and

coordination in the production of digital visual effects [J]. Technological Forecasting & Social Change, 2013, 5 (3): 1 - 13.

[142] Tschang F. T. Balancing the Tensions Between Rationalization and Creativity in the Video Games Industry [J]. Organization Science, 2007, 18 (6): 989 - 1005.

[143] Cohendet P., Simon L. Playing across the playground: paradoxes of knowledge creation in the videogame firm [J]. Journal of Organizational Behavior, 2007, 28: 587 - 605.

第 2 章 文化创意企业创新影响因素模型的构建

本章首先通过开放性的定性问卷调查，广泛收集文化创意企业创新的主要影响因素，并使用数据编码与主题识别方法，定性识别影响文化创意企业创新的主要因素；然后基于文献回顾与定性实证调查研究结果，提出各因素之间的关系假设，并根据假设，构建文化创意企业创新的影响因素模型。

2.1 文化创意企业创新影响因素的定性研究

定性研究特别适用于探索与开创性研究。目前文献对文化创意企业创新影响因素的研究主要针对非文化创意企业，为了构建适合于文化创意企业创新的影响因素模型，有必要对文化创意企业进行定性调查研究。

2.1.1 问卷设计及数据收集

定性研究易受研究者的主观因素影响，为避免该影响必须遵循规范严谨的资料收集以及分析程序。为此，本研究的开放式问卷的主体问题是“您觉得影响文化创意企业创新的主要因素有哪些?”。样本选取主要采用目的抽样，即寻找从事文化创意工作并愿意参与研究的个体。本问卷主要通过熟人的介绍，采取滚雪球方式，在网络上发放，被试来自上海、江苏、武汉、长沙、杭州、福建、海口的不同文化创意企业的员工。共发放问卷 113 份，收回有效问卷 97 份，样本的基本情况见表 2－1。

表 2－1　　样本信息表

属性	类别	人数	比率（%）
性别	男	59	56.7
	女	38	43.3
年龄	18～25 岁	32	33.0
	26～45 岁	46	47.4
	46 岁及以上	19	19.6
学历	高中及以下	17	17.5
	本科或大专学历	67	69.1
	硕士及以上	13	13.4
所在企业主营业务	文化艺术	16	16.5
	创意设计	35	36.1
	媒体	28	28.9
	软件及计算机服务	18	18.6

2.1.2　数据编码及分析

通过数据编码与主题识别，可以实现从定性数据中提炼概括出主题。为了更精确地概括文化创意企业创新的影响因素及其含义，编码过程中参考了由文献综述提取的影响因素。基于研究目的，对问卷数据的编码及分析处理包括下述三个步骤。

第一步，认真阅读编码所获得的原始资料，提取影响文化创意企业创新的主因素，进行主题归纳。

将所获取的原始资料进行有效总结与分类，删除无效语句后，获取了 436 条描述文化创意企业创新影响因素的语句，例如“员工提出可行的创意后，能够得到企业适当的奖励”。在相关研究理论的基础上，由著者的两位研究生从整体语义上对所有语句进行分析，归纳得出环境、知识、供应链协调、供应链整合等 4 个主因素。接着，两位研究生独立地将 436 个语句归类到各个主因素中。对于所有主因素类别下的语句做进一步的讨论与研究，剔除不能达成一致意见的语句，保留了 403 条语句，例如“在创意实施阶段，企业各部门能够相互紧密配合，从而促进项目的有效完成”。

第二步，对每个主因素类别中的子因素进行识别和编码。

每个主因素下的语句被归类到相应的子因素中，这项工作由两位研究生分别独立完成。然后将他们所获得的分类与编码结果进行核对，讨论并修正不一致的内容，最终保留 382 条语句。

第三步，提取影响因素。

整合每个子因素下的语句，合并语义相似或重叠的语句。最后由三位对本研究主题很熟悉的专家讨论并修正两位研究生所得因素，重新界定语义相近及关联度高的因素。

通过上述三个步骤，最终得到企业政策与领导的支持、企业资源的支持、外部支持环境、企业内部知识获取能力、企业外部知识获取能力、知识整合能力、供应链协调的信任、承诺及人际关系、企业内部供应链整合、企业外部供应链整合等 11 个子因素。表 2－2 给出了问卷数据编码分析结果，内容包括主因素、子因素、子因素特征。

表 2－2　　问卷数据编码与分析结果

主因素	子因素	子因素特征
环境	A. 企业政策、领导支持	1. 企业制度与政策 2. 企业的领导风格 3. 员工在企业中的自由程度
	B. 企业资源支持	能够有效获取用于创新的资源
	C. 外部支持环境	1. 国家与政府的基金、政策与法律支持 2. 银行、投资商等融资渠道的支持 3. 教育、研发机构等单位的支持
知识	A. 企业内部知识获取能力	企业员工之间的知识、观点、创意等信息的分享能力
	B. 企业外部知识获取能力	1. 从网络、书籍、论坛、会展等渠道收集相关创意资料的能力 2. 企业与顾客及合作企业的沟通、交流与信息共享的能力 3. 文化市场的需求调查能力
	C. 知识整合能力	员工之间的交流和创意观点的融合能力

续表

主因素	子因素	子因素特征
供应链协调关系	A. 信任	1. 企业员工之间相互信任
		2. 顾客及供应链合作伙伴之间相互信任
	B. 承诺	1. 企业内部各部门之间的相互支持承诺
		2. 企业与供应链成员之间相互支持承诺
		3. 供应链成员之间长期合作承诺
	C. 人际关系	1. 企业各部门员工之间的关系
		2. 企业与顾客、供应链上下游企业的关系
供应链整合	A. 企业内部供应链整合	1. 企业各个部门员工之间的相互帮助与合作
		2. 企业各个部门数据信息的集成
	B. 企业外部供应链整合	1. 企业与顾客及供应链上下游企业之间相互帮助与合作
		2. 企业对顾客及供应链成员的信息跟踪

根据表 2－2 的数据编码分析结果可以发现，对于文化创意样本企业，影响企业创新的主因素可分为四个方面：1）环境因素，包括企业创新氛围和外部支持环境；2）知识管理能力因素，包括知识获取能力和知识整合能力；3）供应链协调关系因素，包括信任、承诺与人际关系；4）供应链整合因素，包括企业内部供应链整合与企业外部供应链整合。通过与开放式问卷结果相比，结果发现文献对于企业创新影响因素的描述对文化创意企业的针对性不强。为此，我们根据开放式问卷调查结果，对各影响因素的内涵进行了更加精确的命名与界定。

（1）企业创新氛围

由第一章的相关文献综述可知，文献中的企业创新氛围是指企业员工对周边事物的共同感知，如企业政策、惯例、程序等[1]。根据开放式问卷数据分析，本研究的企业创新氛围不仅包括企业正策、惯例、程序，还包括员工感受到的自由、企业的领导风格、企业对创新资源的支持与供给。员工感受到的自由对文化创意企业是至关重要的，因为创意的产生主要来源于灵感，灵感的产生需要自由轻松的环境。

（2）外部支持环境

由第一章的相关文献综述可知，关于企业创新的外部环境因素，涉及的内容比较多，例如资源、技术、市场压力、政府政策与法律、融资途径、高校与科研机构的支持等。通过开放式问卷调查发现，影响文化创意企业创新的主要外部环境因素是外部环境对企业的支持。由文献综述结果可知，文化创意企业属于高投入、高风险企业。高投入意味着文化创意企业创新需要依赖于雄厚的资金。高风险意味着文化创意企业创新需要依赖法律（如知识产权）的保护，创新技术的研发以及创意人才的培养依赖于研究机构及教育单位的支持。由此可见，文化创意企业创新倚重于这些外部环境的支持。

（3）知识获取能力

由第一章的相关文献综述可知，文献中的知识获取能力通常是指企业从外部获取知识的能力。文化创意企业创新所需知识通常是隐性知识，并且这些知识的获取及共享一般通过直接观摩以及交流等方式实现。因此，本研究的知识获取能力不仅包含外部知识获取能力，还强调企业员工之间的知识共享能力。

（4）知识整合能力

由相关文献综述可知，文献中的知识整合通常是指通过建设信息系统整合知识。但是，由于创意的灵感一般是在人与人之间的交流之中形成的，因此，文化创意企业创新所需的知识整合更强调员工之间通过语言交流，从而形成知识与观点的整合。

（5）供应链协调关系的信任、承诺与人际关系

文献中的这三类关系主要用来协调企业内外部供应链成员之间的利益，使企业内部各部门成员以及供应链成员以供应链整体利益最大化为最终目标而进行经营活动。文化创意企业创新更多地需要强调信息共享，而不是和实物有关的经营活动，因此，文化创意企业创新所需的供应链协调关系特别要强调信任、承诺、人际关系在信息共享中的重要作用。

（6）供应链整合

文化创意产业是高投入、高风险产业，因此，与其他传统企业相比，文化创意企业创新的成功往往更依赖于信息的的可靠性与及时性。供应链信息失真引起的“牛鞭效应”，最终将会给企业带来不可估量的经济损失。供应链整合加强了企业内部各部门以及供应链企业成员之间的信息共享，大大提高了信息的可靠性与及时性。因此，文化创意企业创新所需的供应链整合强调的是供应链信息的集成与共享以及供应链成员的紧密合作。

2.2 研究假设

通过前一章对文化创意企业创新相关文献的整理与归纳以及本章第 1 节开放式定性调查研究发现，环境因素、知识管理能力、供应链协调、供应链整合可能对文化创意企业创新产生影响。

2.2.1　环境因素与文化创意企业创新

环境因素包括企业创新氛围和外部支持环境。企业创新氛围是指企业员工对周边事物的共同感知，如企业政策、惯例、程序，以及员工所感受到的自由、企业的领导风格、企业对创新资源的支持与供给等。文化创意企业创新是指企业通过对观点、价值、理念创意进行创造性地整合，产生新想法与创意的行为。

Ismail 等[2]的研究表明，企业创新氛围对企业创新能力具有显著的正影响作用。Woodman 等[3]认为创新环境的重要特征是能够从不同角度增强复杂社会系统的创新行为。Amabile 等[4]指出，创新是员工与工作环境相互作用的结果，良好的工作环境能够有效促进企业员工的创新行为，最终促进整个企业的创新行为。叶许红等[5]从氛围强度与氛围作用两个维度提出了四种企业氛围：积极—强氛围、消极—强氛围、积极—弱氛围和消极—弱氛围，并通过案例分析研究了不同企业氛围对企业创新的影响，结果表明企业氛围是企业创新的关键因素，能够有效促进企业创新。企业创新氛围存在于创意企业中，并且企业通常会有选择性地提供资源鼓励员工进行创新[6]。由此可见，在文化创意企业内部，被员工感知到的企业创新氛围，能够很大程度地促进文化创意企业的创新行为。因此，提出假设 H1：

H1：企业创新氛围对文化创意企业创新具有正影响作用。

外部支持环境是指存在于文化创意企业外部，能够有利于文化创意企业创新的各种法律、政策，以及各类教育、科研、融资等机构及各级政府对文化创意企业业务提供的支持。文化创意企业属于高投入、高风险企业。高投入要求文化创新的成功实施依赖于雄厚的资金。高风险要求提供法律（如知识产权）的保护。文化创意企业属于知识密集型企业，各类研发和教育机构的支持将有利于文化创意企业创新。

Dong等[7]对上海18个创意园区的调查显示，为提升文化创意产业的创新能力，需要加强知识产权的保护、建立良好的知识共享机制与氛围，同时也需要政府的法律、基金及税收等企业外部环境的支持。Lee等[8]认为，通过整合文化创意产业、制造业、研发和教育机构等平台以及与这些机构的合作，可以从战略上促进文化创意产业的整体创新。胡晓鹏[9]提出要提升中国文化创意产业的创新，需要推进政府、高校、科研单位、媒体等机构的结合，创造健全的创意生成环境。赵瑾璐等[10]针对北京创意产业，提出政府应设立引导基金，建立完善的知识产权保护政策体系，为创意的产生提供良好的社会氛围，从而提高北京创意产业的创新能力。因此，提出假设H2：

H2：外部支持环境对文化创意企业创新具有正影响作用。

2.2.2 知识管理能力与文化创意企业创新

知识管理能力由知识获取能力和知识整合能力组成。知识获取能力是指企业员工之间的知识共享能力以及企业从外部获取相关知识与信息的能力。知识整合能力是指企业内部员工之间通过交流，融合不同知识形成新知识的能力。文化创意企业属于知识密集型企业。知识作为创新的动力，知识的获取与整合能力对于文化创意企业的创新具有不可估量的重要作用。

Darroch等[11]认为良好的知识获取能力意味着企业具有良好的市场需求信息及相关知识敏感度，能够快速获取对企业有利的信息与知识，并促进企业创新。Banerjee[12]指出共享知识有利于产品和服务的创新。张钢[13]认为，创新是将信息、人、过程联系起来，通过知识共享与运用集体智慧进行集思广益的过程。Scott[14]提出，企业内部成员隐性与显性知识的共享，可以显著提高文化创意企业的创新能力。因此，提出假设H3：

H3：知识获取能力对文化创意企业创新具有正影响作用。

知识的整合与运用是创新的基础[15]。Yang[16]的研究表明知识整合能力对创新具有积极的影响作用。Teece等[17]基于动态能力观点，强调企业通过有效地获取与整合内外部知识，对创新概念的产生及更快、更多地实现新产品开发是非常重要的。Christensen等[18]提出当环境不断变化时，企业的成功主要依靠熟练地整合知识，迅速推出新产品与改进产品。因此，提出假设H4：

H4：知识整合能力对文化创意企业创新具有正影响作用。

2.2.3　供应链协调关系与文化创意企业创新

供应链协调是各供应链成员之间在经营活动中运用的一种沟通和决策方法与模式[19]。本研究采用 Morris 等[20]对供应链协调关系的分类，将供应链协调关系划分为信任、承诺和人际关系。信任是指合作双方相信对方不会做有害于自己的事情，同时会充分为对方考虑[21]。承诺是指合作伙伴之间相互帮助与支持并保持合作关系的长期性；人际关系是指关系的发展程度[22]。信任、承诺、人际关系能够促使企业各部门之间以及企业与供应链成员之间进行及时有效地沟通，从而促进创新活动的顺利进行。

郑美莲等[23]实证研究结果表明，企业员工之间的信任与承诺能够提高企业的创新绩效。Lee 等[24]认为企业外部供应链成员之间的信任能够促进供应链成员之间的互动与沟通，从而使隐性知识在互动与沟通过程中实现转移，促进企业创新。同样，对于文化创意企业，如果内部员工之间相互信任，具有较高承诺程度，并且与供应链上下游企业保持良好的信任和承诺，那么文化创意企业创新会得到提高。因此，提出假设 H5、H6：

H5：信任对文化创意企业创新具有正影响作用。

H6：承诺对文化创意企业创新具有正影响作用。

Sivadas 等[25]指出，创新是供应链买卖双方关系互动的结果。良好的人际关系可以促进企业之间有效分享隐性知识，从而促进企业利用所获隐性知识进行创新[26]。Kim[27]认为长期的供应链合作关系是对企业创新行为的一种激励，能够大大降低供应成本，扩大市场需求。王辉等[28]发现，供应链企业之间的关系对创新绩效具有显著的促进作用。同样，如果在文化创意企业内部，各部门员工之间保持紧密的人际关系；在文化创意企业外部，企业和供应链合作伙伴保持着长期的战略合作伙伴关系，可以促进文化创意企业创新。因此，提出假设 H7：

H7：人际关系对文化创意企业创新具有正影响作用。

2.2.4　供应链整合与文化创意企业创新

供应链整合包括企业内部供应链整合和企业外部供应链整合。前者指企业各部门之间的紧密合作；后者指企业与供应商伙伴以及顾客之间的紧密合作。供应链整合强调供应链是一个集成的有机整体[29]。创意是不同背景知识融合的过程，供应链整合能够集合企业内外部不同的智慧，通过对不同领域的知识进行有效整合，可以为文化创意企业创新提供更多创意源泉。Storz[30]认为，游戏运营的各个阶段是一个有机整体，需要企业各部门员工对游戏有共同的理解，而企业内部供应链整合能够有效地达到这一目的。因此，提出假设 H8：

H8：企业内部供应链整合对文化创意企业创新具有正影响作用。

Soosay 等[31]，研究发现，供应链合作伙伴通过供应链整合与协作进行信息与知识共享、联合计划与决策等，能够促进企业创新。Corsten 等[32]认为，供应链协作与整合能够促进企业从合作伙伴中获取有价值的显性与隐性知识，通常这些知识能够促进企业创新。尹安[33]对创新链与创新集群的研究发现，当企业间竞争转化为供应链间竞争后，创新主要源于供应链上各成员企业之间的合作。Guy 等[34]通过对数字创意产业的调查发现，在建立网络顾客社区的基础上，通过互联网与顾客进行互动交流，可以提高数字创意产业的创新能力。Scott[14]的研究发现，生产文化产品的企业通过与供应链下游企业合作，可以激发企业创新的灵感。根据上述分析，提出假设 H9：

H9：企业外部供应链整合对文化创意企业创新具有正影响作用。

2.2.5 环境因素与知识管理能力

企业创新氛围是指企业员工对周边事物的共同感知，如企业政策、惯例、程序，以及员工所感受到的自由、企业的领导风格、企业对创新资源的支持与供给等。由上可知，知识管理能力是指知识获取能力以及知识整合能力，其中知识获取能力是指企业员工之间的知识共享能力以及企业从外部获取相关知识与信息的能力；知识整合能力是指企业内部员工之间通过交流，融合不同知识形成新知识的能力。

企业的知识管理依赖企业内部环境的支持，尤其是在文化创意企业内，如果具有良好的创新氛围，员工之间能够更加开放自由地交流，形成浓厚的知识共享氛围，并通过知识共享进行知识整合。Isaksen 等[35]认为，创新氛围可以促进新方法和新知识的开发、同化与利用。Jaw 等[26]认为，在良好的企业创新氛围中，企业会鼓励员工自由思考、交流，并融合他们的观点与想法。Edmondson[36]指出，当企业创新氛围较好时，员工之间更愿意交流观点与共享知识，从而进行观点与想法的融合，使企业获取更广泛的知识。因此，提出假设 H10、H11：

H10：企业创新氛围对知识获取能力具有正影响作用。

H11：企业创新氛围对知识整合能力具有正影响作用。

基于前一章的文献回顾及本章的开放式问卷调查，本研究将外部支持环境定义为存在于文化创意企业外部，能够有利于文化创意企业的各种法律和政策，以及来自教育、科研、融资等机构以及政府对文化创意企业的支持。文化创意企业的核心是运用有关知识进行创意，得到具有知识产权的产品。法律和政策对知识产权的有效保护不但有利于文化创意企业获取知识，也有利于整合知识。对于文化创意企业，教育和科研等机构通常拥有最新知识和先进技术。如果文化创意企业能得到这些机构的支持，并与这些机构保持良好的沟通，将有利于文化创意企业获取有关知识，有利于知识共享，并有利于从不同角度整合知识。因此，提出假设 H12、H13：

H12：外部支持环境对知识获取能力具有正影响作用。

H13：外部支持环境对知识整合能力具有正影响作用。

2.2.6　供应链协调关系与知识管理能力

由上可知，供应链协调关系包含信任、承诺与人际关系；知识管理能力包括知识获取能力以及知识整合能力。文化创意企业用于创意的知识通常是隐性知识。隐性知识通常只有通过正式与非正式的沟通、互动与交流才得以传播。信任、承诺和人际关系能够降低沟通及合作中的不确定性，促进人与人之间的互动与合作。知识的获取与整合通常是在互动与合作之间产生的，因此信任、承诺、人际关系对文化创意企业知识的获取与整合具有重要作用。

在企业内部，员工之间信任和承诺程度越高，关系越密切，员工交流与共享自己已获知识并进行知识整合的意愿程度越高。在企业外部，若文化创意企业与供应链上下游成员保持良好的信任、承诺和人际关系，合作成员将会更愿意与其交流与共享该成员已获取的知识，如顾客偏好等，从而该企业可以充分利用合作成员提供的知识，进行知识整合。Okatan[37]通过案例分析发现，基于信任与承诺的社会网络可以将企业与顾客、员工、供应商联系起来，通过他们之间的沟通与交流，网络各成员可以获取相关的创新知识。Lee 等[24]认为企业外部供应链成员之间的信任和承诺能够增加供应链成员之间的互动与沟通，从而使隐性知识在互动与沟通过程中实现共享。因此，提出假设 H14、H15、H16、H17：

H14：信任对知识获取能力具有正影响作用。

H15：信任对知识整合能力具有正影响作用。

H16：承诺对知识获取能力具有正影响作用。

H17：承诺对知识整合能力具有正影响作用。

只有当人际关系较好时，人们才会愿意分享自己拥有的隐性知识，从而促进隐性知识的获取和整合[38]。Goh[39]通过实证研究发现，供应链成员之间良好的人际关系，能够促进知识在供应链成员之间的共享。在文化创意企业内部，员工之间保持良好的人际关系，员工之间的互动性越强，知识的传播和整合的可能性会越高。在文化创意企业外部，如果该企业和供应链成员之间保持长期的战略合作伙伴关系，其他供应链成员更愿意将知识与信息提供给该企业。因此，提出假设 H18、H19：

H18：人际关系对知识获取能力具有正影响作用。

H19：人际关系对知识整合能力具有正影响作用。

2.2.7 供应链整合与知识管理能力

供应链整合包括企业内部供应链整合与外部供应链整合；知识管理能力包括知识获取能力以及知识整合能力。知识的获取与整合是在人际互动与合作中产生的，供应链整合强调企业各部门之间以及企业与供应链成员之间的紧密合作[29]。因此供应链整合势必能够促进知识的获取以及整合。

Janz 等[40]的研究表明，整合企业内部各部门，使各部门形成一个有机整体，能够促使各部门之间实现高效的信息共享与知识交流。Sveiby 等[41]指出，各部门之间进行沟通与合作，有利于融合不同的思维与观点。在企业外部，通过供应链成员之间的合作，一方面企业可以直接获取显性知识，另一方面通过跨企业员工之间的接触与交流，难以表达的隐性知识也可以在供应链成员之间扩散[42]。du Preez 等[43]认为整合供应链成员，加强供应链成员之间的合作，可以促进供应链成员之间的信息和知识的共享与交流。Corsten 等[32]认为，供应链协作与整合能够促进企业从合作伙伴中获取有价值的显性与隐性知识，并能增加企业进行知识整合力度。翟云凯[44]认为通过供应链整合与协作，能够加强知识转移，促进知识的协同与整合。因此，提出假设 H20、H21、H22、H23：

H20：企业内部供应链整合对知识获取能力具有正影响作用。

H21：企业内部供应链整合对知识整合能力具有正影响作用。

H22：企业外部供应链整合对知识获取能力具有正影响作用。

H23：企业外部供应链整合对知识整合能力具有正影响作用。

2.2.8　供应链协调关系与供应链整合

供应链协调关系由信任、承诺和人际关系组成。供应链整合包括企业内部与外部供应链整合。企业内部供应链整合是指企业各部门之间的紧密合作；企业外部供应链整合是指企业与供应商伙伴以及顾客之间的紧密合作。供应链整合强调供应链是一个集成的、无缝合作的有机整体。通过信任、承诺、人际关系的协调，能够促进合作伙伴之间进行及时有效地沟通，降低合作过程中产生的各种不确定性与矛盾。

在文化创意企业内部，不同的企业部门都是利益实体，在企业的生产、经营与管理活动过程中，各部门之间必然会出现冲突与矛盾。因此，企业各部门的紧密合作，即企业内部供应链整合亟须信任、承诺、人际关系的协调。只有当企业各部门员工之间具有较好的人际关系，相互信任，并承诺为实现企业总目标而自发地相互帮助与支持，并通过及时有效地沟通与交流，降低信息的不对称性，文化创意企业各部门才能减少各种冲突与矛盾的产生，从而促进文化创意企业各部门合作的顺利进行，最终实现企业内部供应链整合。因此，提出假设 H24、H25、H26：

H24：信任对企业内部供应链整合具有正影响作用。

H25：承诺对企业内部供应链整合具有正影响作用。

H26：人际关系对企业内部供应链整合具有正影响作用。

企业外部供应链整合体现的是供应链成员之间的紧密协同与合作。Brown 等[45]指出，在文化创意企业外部，供应链成员之间存在较高的信任、承诺和紧密的人际关系能够促进及时有效地沟通与交流，降低企业之间的利益冲突，及时有效地解决供应链企业合作过程中出现的各种矛盾，从而为实现共同目标和价值而共同努力，实现供应链成员之间的紧密合作。由此可见，信任、承诺和人际关系可以促进文化创意企业外部供应链整合。因此，提出假设 H27、H28、H29：

H27：信任对企业外部供应链整合具有正影响作用。

H28：承诺对企业外部供应链整合具有正影响作用。

H29：人际关系对企业外部供应链整合具有正影响作用。

2.3 模型的提出

根据上述理论探究与实证调查，本研究从企业内部、外部环境、供应链三个角度，综合提取了对文化创意企业创新具有影响作用的四类因素，即供应链协调关系因素、供应链整合因素、环境因素和知识管理能力因素，并提出了29条假设，综合这些假设可以得到如图2－1所示的文化创意企业创新影响因素概念模型。该模型用于描述各因素之间影响关系以及各因素对文化创意企业创新的影响机理。其中环境因素包括企业创新氛围和外部支持环境；供应链协调关系包括信任、承诺和人际关系；供应链整合包括企业内部供应链整合和企业外部供应链整合；知识管理能力包括知识获取能力和知识整合能力。知识是文化创意企业的动力与源泉，知识管理能力成为其他自变量影响文化创意企业创新的中间变量。

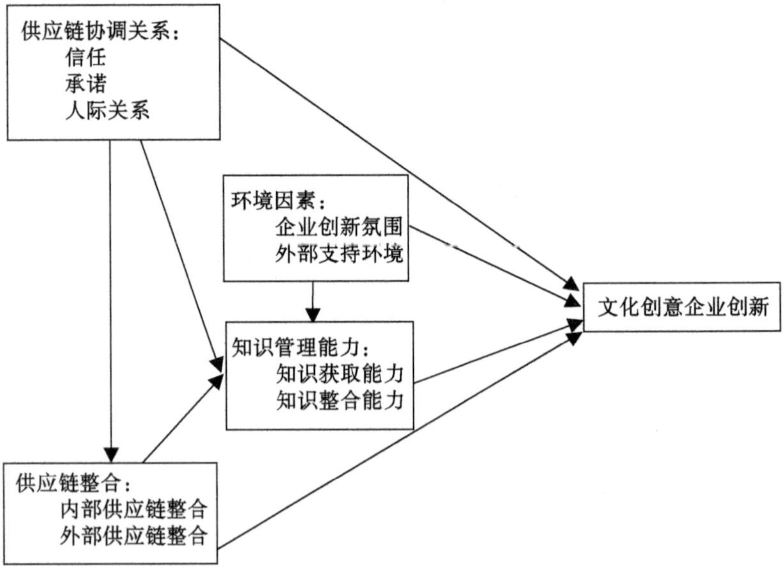

图2－1　文化创意企业创新影响因素框架模型

2.4
本章小结

本章通过开放式问卷调查，运用数据编码以及主题识别方法，定性获取了影响文化企业创意的主要影响因素，分析结果与已有文献研究结果相似。然后，本章结合文化创意产业特点及定性调查分析结果，具体化了各个影响因素的内涵。最后基于文献归纳与整理以及定性调查研究结果，构建了文化创意企业创新的影响因素模型。模型的因变量是文化创意企业创新。其他变量包括：环境因素方面的企业创新氛围和外部支持环境；知识管理能力方面的知识获取能力和知识整合能力；供应链协调关系方面的信任、承诺和人际关系；供应链整合方面的内部供应链整合和外部供应链整合。模型还包括描述这些变量之间关系的 29 条假设。

参考文献

[1] Reichers A. E. , Schneider B. Climate and culture: An evolution of constructs [J]. Organizational climate and culture, 1990, 1: 5 -39.

[2] Ismail M. Creative climate and learning organization factors: their contribution towards innovation [J]. Leadership & Organization Development Journal, 2005, 26 (8): 639 -654.

[3] Woodman R. W. , Sawyer J. E. , Griffin R. W. Toward a theory of organizational creativity [J]. Academy of management review, 1993: 293 -321.

[4] Amabile, T. M. A model of creativity and innovation in organizations [J]. Research in organizational behavior, 1988 (10): 123 -167.

[5] 叶许红，张彩江，廖振鹏. 组织氛围对企业创新实施影响研究 [J]. 科研管理，2006，27 (1): 75 -79.

[6] Bharadwaj S. , Menon A. Making innovation happen in organizations: individual creativity mechanisms, organizational creativity mechanisms or both? [J]. Journal of Product Innovation Management, 2000, 17 (6): 424 -434.

[7] Dong Q. , Gao C. Knowledge Engineering, Intellectual Capital of

Creative Industry Park Based on Multi – objective Decision – Making and Entropy Methods [J]. Systems Engineering Procedia, 2012 (3): 326 –332.

[8] Lee T. C., Kai – Ching Chan P. Integrated Creative Platform (ICP)™: Strategic innovation for China's creative cultural industries [C] // Computer – Aided Industrial Design and Conceptual Design, 2008. CAID/CD 2008. 9th International Conference on. IEEE, 2008: 1355 – 1359.

[9] 胡晓鹏. 技术创新与文化创意：发展中国家经济崛起的思考 [J]. 科学学研究, 2006, 24 (1): 125 – 129.

[10] 赵瑾璐, 潘志恒. 浅析北京文化创意产业的发展 [J]. 中国特色社会主义研究, 2007 (2): 79 –83.

[11] Darroch J., McNaughton R. Knowledge management and innovation [J]. Department of Marketing, University of Otago, Dunedin, 2001.

[12] Banerjee P. Narration, discourse and dialogue: issues in the management of inter – cultural innovation [M] //Cognition, Communication and Interaction. Springer London, 2008: 195 –212.

[13] 张钢. 企业组织创新过程中的学习机制及知识管理 [J]. 科研管理, 1999, 20 (3): 40 –45.

[14] Scott A. J. Entrepreneurship, innovation and industrial development: geography and the creative field revisited. Journal of Small business economics, Small Business Economics, 2006, 26 (1): 1 –24.

[15] Henderson R. M., Clark K. B. Architectural innovation: the reconfiguration of existing product technologies and the failure of established firms [J]. Administrative science quarterly, 1990: 9 –30.

[16] Yang J. Knowledge integration and innovation: Securing new product advantage in high technology industry [J]. The Journal of High Technology Management Research, 2005, 16 (1): 121 – 135.

[17] Teece D. J., Pisano G., Shuen A. Dynamic capabilities and strategic management [J]. Strategic management journal, 1997, 18 (7): 509 –533.

[18] Christensen C. M., Suárez F. F, Utterback J. M. Strategies for survival in fast – changing industries [J]. Management science, 1998, 44 (12 – Part –2): S207 – S220.

[19] Malone T. W., Crowston K. The interdisciplinary study of coordination [J]. ACM Computing Surveys (CSUR), 1994, 26 (1): 87 – 119.

[20] Morris M., Carter C. R. Relationship marketing and supplier logistics performance: an extension of the key mediating variables model [J]. Journal of Supply chain management, 2005, 41 (4): 32 – 43.

[21] Moorman C., Deshpande R., Zaltman G. Factors affecting trust in market research relationships [J]. The Journal of Marketing, 1993: 81 – 101.

[22] Ravi V., Shankar R., Tiwari M. K. Productivity improvement of a computer hardware supply chain [J]. International Journal of Productivity and Performance Management, 2005, 54 (4): 239 – 255.

[23] Zheng M., Zhu X. P., Yang J. The influence of the team climate on team innovation performance: An empirical study based on Chinese High Technology Innovation Teams [C] //Information Management, Innovation Management and Industrial Engineering (ICIII), 2010 International Conference on. IEEE, 2010, 3: 245 – 249.

[24] Lee H., Choi B. Knowledge management enablers, processes, and organizational performance: an integrative view and empirical examination [J]. Journal of management information systems, 2003, 20 (1): 179 – 228.

[25] Sivadas E., Dwyer F. R. An examination of organizational factors influencing new product success in internal and alliance – based processes [J]. The Journal of Marketing, 2000: 31 – 49.

[26] Jaw B. S., Liu W. Promoting organizational learning and self – renewal in Taiwanese companies: The role of HRM [J]. Human Resource Management, 2003, 42 (3): 223 – 241.

[27] Kim B. Coordinating an innovation in supply chain management [J]. European Journal of Operational Research, 2000, 123 (3): 568 – 584.

[28] 王辉，张慧颖，吴红翠．供应链间关系质量对知识吸收能力和企业合作创新绩效的影响研究 [J]．统计与信息论坛，2012，27 (11): 99 – 105.

[29] Fabbe – Costes N., Jahre M. Supply chain integration and performance: a review of the evidence [J]. International Journal of Logistics Management, The, 2008, 19 (2): 130 – 154.

[30] Storz C. Dynamics in innovation systems: Evidence from Japan's game software industry [J]. Research Policy, 2008, 37 (9): 1480 – 1491.

[31] Soosay C. A., Hyland P W, Ferrer M. Supply chain collaboration:

capabilities for continuous innovation [J]. Supply Chain Management: An International Journal, 2008, 13 (2): 160 – 169.

[32] Corsten D., Felde J. Exploring the performance effects of key – supplier collaboration: an empirical investigation into Swiss buyer – supplier relationships [J]. International Journal of Physical Distribution & Logistics Management, 2005, 35 (6): 445 – 461.

[33] 尹安. 在供应链视角下分析从创新链到创新集群 [J]. 价值工程, 2009, 28 (1): 64 – 67.

[34] Guy Parmentier, Vincent Mangematin. Orchestrating innovation with user communities in the creative industries [J]. Technological Forecasting and Social Change, 2013: 1 – 14.

[35] Isaksen S. G., Lauer K J, EKVALL G. Situational outlook questionnaire: A measure of the climate for creativity and change [J]. Psychological Reports, 1999, 85 (2): 665 – 674.

[36] Edmondson A. Psychological safety and learning behavior in work teams [J]. Administrative science quarterly, 1999, 44 (2): 350 – 383.

[37] Okatan K. Managing Knowledge for Innovation and Intra Networking: A Case Study [J]. Procedia – Social and Behavioral Sciences, 2012, 62: 59 – 63.

[38] Garrick J., Clegg S. Knowledge work and the new demands of learning [J]. Journal of Knowledge Management, 2000, 4 (4): 279 – 286.

[39] Goh S. C. Managing effective knowledge transfer: an integrative framework and some practice implications [J]. Journal of knowledge management, 2002, 6 (1): 23 – 30.

[40] Janz B. D, Prasarnphanich P. Understanding the Antecedents of Effective Knowledge Management: The Importance of a Knowledge – Centered Culture* [J]. Decision sciences, 2003, 34 (2): 351 – 384.

[41] Sveiby K. E, Simons R. Collaborative climate and effectiveness of knowledge work – an empirical study [J]. Journal of Knowledge Management, 2002, 6 (5): 420 – 433.

[42] Almeida P., Dokko G., Rosenkopf L. Startup size and the mechanisms of external learning: increasing opportunity and decreasing ability? [J]. Research Policy, 2003, 32 (2): 301 – 315.

[43] du Preez N. D., Louw L. A framework for managing the innovation process [C] //Management of Engineering & Technology, 2008. PICMET 2008. Portland International Conference on. IEEE, 2008: 546 - 558.

[44] Yun - kai Z. Effect on the inter - nodes cooperative innovation performance of supply chain from knowledge transfer stickiness (KTS) [C] //Management Science and Engineering, 2009. ICMSE 2009. International Conference on. IEEE, 2009: 642 - 650.

[45] Brown J. R., Lusch R. F., Nicholson C. Y. Power and relationship commitment: their impact on marketing channel member performance [J]. Journal of Retailing, 1996, 71 (4): 363 - 392.

第 3 章 文化创意企业创新影响因素模型的验证——量表的构建及预测试

本章旨在得到文化创意企业创新影响因素模型中所有变量的正式量表和调查问卷。为此，首先根据文献研究成果和开放式问卷调研结果，设计初始量表和问卷，并对其进行预测试，包括效度及信度分析。最后根据预测试结果调整初始量表和问卷，确定正式量表和问卷。

3.1 问卷设计

前面第 2 章中的图 2－1 所示的文化创意企业创新影响因素模型中的所有变量都是潜变量，需要设计各变量的测量量表。本研究的各量表设计通过 5 个步骤完成。第 1 步，从相关文献选取所有变量的合适量表，作为问卷设计的基础。第 2 步，通过开放式问卷收集数据，依据文化创意企业及其创新的特点，修正第 1 阶段选取的量表，得出初始量表。第 3 步对上述量表进行翻译。为了确保量表翻译的准确性，由 3 名研究生分别对原量表题项进行翻译，对比 3 份译稿，并形成问卷项目初稿。对于所有选取的问卷项目初稿，请两名专家进行修订，将较为专业的词汇转变成短句，使语言符合日常表达规则，增强译文准确性、题项的可读性和表达的流畅性。第 4 步，对没有文献可供参考的变量，在文献资料收集的基础上，根据开放式问卷数据结果，自行设计问卷。第 5 步，将该问卷交给普通人群，让他们评定问卷语言是否晦涩难懂，如果是式语言不过关，就要修改，最终形成预测问卷。变量量表的来源以及具体的测量项目将在下文中具体描述。

调查问卷的所有项目均采用 LIKERT 五点量表度量，调查对象基本情况也属于问卷内容的一部分。本研究选取性别、企业的成立年限、企业员工规模、企业的主营业务等项目度量调查对象的基本特征。在充分考虑中国文化创意企业现状和特点后，确定了各个特征变量的划分标准。其中，企业的成立年限分为 3 年以下、3 ~ 5 年、6 ~ 10 年、11 ~ 15 年、16 年以上。企业员工规模分为 50 人及以下、51 ~ 100 人、101 ~ 300 人、301 ~ 500 人、501 人及以上。企业主营业务分为文化艺术（视觉艺术、表演艺术、音乐制作等）、创意设计（广告设计、服装设计、环艺与建筑设计等）、媒体（电影、电视、广播与出版等）、软件及计算机服务。

3.1.1　文化创意企业创新的测量

文化创意企业创新是指文化创意企业通过对观点、价值、理念创意进行创造性地整合，产生新的想法与创意的行为。文化创意企业创新的测量采用 Scott 等[1]编制的创新行为量表，该量表被广泛地运用，本书根据该量表，并结合文化创意企业特点，设计了如表 3 – 1 所示的文化创意企业创新量表。

表 3 – 1　　文化创意企业创新测量题项

变量	测量项目
文化创意企业创新	1. 我公司会不断搜寻新的产品创意
	2. 我公司常常能成功开发优秀的创意
	3. 我公司会鼓励员工进行创意开发
	4. 我公司会为创意的实施提供必需的市场调研和资金支持
	5. 我公司会为创意的实施制定良好的规划
	6. 我公司属于创新型企业

3.1.2　知识获取能力的测量

知识获取能力是指企业内部员工之间的知识共享以及企业从外部获取

相关知识与信息的能力。Jantunen[2]开发的知识获取能力量表具有良好的信效度，本研究根据此量表，并结合文化创意企业特点，设计了知识获取能力量表，具体题项如表 3－2 所示。

表 3－2　　知识获取能力测量题项

变量	测量项目
知识获取能力	1. 我公司能积极主动地搜集并采纳好的工作方案
	2. 我公司能够持续收集与经营有关的经济信息
	3. 我公司基于已核实的市场需求进行创意开发
	4. 我公司会经常评估工作的可行性

3.1.3　知识整合能力的测量

知识整合能力是指企业员工之间通过交流，将已获取的不同知识融合在一起形成新知识的能力。本书的知识整合能力测量采用 Collins 等[3]设计的量表，具体题项如表 3－3 所示。

表 3－3　　知识整合能力测量题项

变量	测量项目
知识整合能力	1. 我公司员工能够在同事交流过程中获益
	2. 我公司员工相信同事之间的交流比单独工作更能推动（创意）项目发展和创新
	3. 每天工作结束后，我公司员工能在同事互相交流过程中学到新知识
	4. 我公司员工能通过同事之间的交流互动来解决问题
	5. 我公司员工非常愿意与同事交流
	6. 我公司员工很少通过与同事交流寻找解决问题的途径

3.1.4　企业创新氛围的测量

企业创新氛围是指员工对周边事物的共同感知，如企业政策、惯例、程序，以及员工所感受到的自由、企业的领导风格、企业对创新资源的支持与供给等。Amabile 等[4]开发的创新氛围量表得到了广泛应用，本文根据该量表，并结合文化创意企业特点，设计了如表 3－4 所示的企业创新氛围量表。

表 3－4　　企业创新氛围测量题项

变量	测量项目
企业创新氛围	1. 我公司鼓励员工采用新的方法解决问题
	2. 我公司领导是创新工作的优秀榜样
	3. 我公司员工相互之间能够自由、开放地交流
	4. 我公司员工能自由决定如何实施他们的（创意）项目
	5. 我公司员工能有效获取（创意）工作需要的资源
	6. 我公司员工觉得当前工作具有挑战性
	7. 我公司有许多妨碍创意工作的制度和政策（反）
	8. 我公司员工经常需要在短时间内完成大量工作（反）

3.1.5　外部支持环境的测量

外部支持环境是指存在于文化创意企业外部，能够有利于文化创意企业的各种法律、政策以及教育单位、科研机构、政府、融资途径等机构对文化创意企业业务的支持。由于文献没有关于外部支持环境的合适量表，本研究根据文献以及对文化创意企业员工的开放性问卷调查结果，设计了如表 3－5 所示的外部支持环境量表。

表 3－5　　外部支持环境测量题项

变量	测量项目
外部支持环境	1. 我国政府已制定了有利于文化创意企业发展的政策
	2. 我国已制定了有利于文化创意企业发展的法律体系
	3. 我公司有丰富的融资渠道
	4. 我公司与高校有密切合作
	5. 我公司与科研单位有密切合作
	6. 我公司得到了政府部门的大力支持
	7. 我公司常常感到孤立无援（反）

3.1.6　供应链整合的测量

供应链整合包括企业内部供应链整合与企业外部供应链整合。企业内部供应链整合是指企业各部门之间的紧密合作；企业外部供应链整合是指企业与外部供应链成员之间的紧密合作。本研究对企业供应链整合的测量采用 Narasimhan 等[5]编制的量表，具体测量题项如表 3－6 所示。

表 3-6　　供应链整合测量题项

变量	测量项目
内部整合	1. 我公司利用信息网络整合不同部门的数据信息
	2. 我公司定期召开跨部门会议
	3. 我公司建立了产品设计、制作、销售等部门在线交流系统
	4. 我公司财务、营销等部门员工非常熟悉产品的设计、制作
外部整合	1. 我公司与主要合作伙伴建立了长期合作关系
	2. 我公司通过信息技术与合作伙伴及顾客进行信息共享
	3. 主要合作伙伴及顾客能够参与我公司的产品设计及制作
	4. 我公司定期与合作伙伴及顾客沟通与交流
	5. 我公司很重视顾客反馈

3.1.7　信任的测量

信任是指合作双方之间相信不会做对对方有害的事情，会充分为对方考虑。本研究以企业及企业各部门员工为测量对象，测其感知到的供应链成员之间的相互信任，因此采用 Kumar 等[6]设计的信任量表，具体题项如表 3-7 所示。

表 3-7　　信任测量题项

变量	测量项目
信任	1. 在情况发生转变时，我公司与合作伙伴仍然会相互支持和帮助
	2. 在重要决策时刻，我公司与合作伙伴会考虑到对方的利益
	3. 我公司与合作伙伴在未来决策时，会考虑对对方的影响
	4. 在重大事情上，我公司与合作伙伴能够依靠对方的支持
	5. 我公司与合作伙伴常为对方提供不确切的信息
	6. 我公司与合作伙伴彼此始终信守承诺
	7. 无论何时，我公司与合作伙伴都认为对方所提建议客观公正
	8. 我公司与合作伙伴彼此由衷地信赖
	9. 我公司各部门员工由衷地相互信赖
	10. 我公司各部门员工会时刻关心相互的利益
	11. 我公司所有部门员工常为其他部门员工提供不确切信息
	12. 在有需要时，我公司各部门员工会相互帮助

3.1.8　承诺的测量

承诺是指企业与外部供应链合作伙伴之间相互帮助与支持，并保持合作关系的长期性以及企业各部门之间的相互帮助与支持。与信任测量量表类似，本研究对承诺的测量以员工为测量对象，测量其感知到的供应链成员之间的相互承诺，因此选取 Anderson 等[7]设计的承诺量表，具体题项如表 3 – 8 所示。

表 3 – 8　　承诺测量题项

变量	测量项目
承诺	1. 当有人恶意批判我公司或合作伙伴时，我们通常会相互捍卫
	2. 我公司与合作伙伴之间彼此忠诚
	3. 我公司与合作伙伴都在不断寻找新的合作伙伴（反）
	4. 如果有更好的选择，我公司与合作伙伴会考虑终止彼此间的合作（反）
	5. 我公司与合作伙伴会长期合作
	6. 即使由于我公司或合作伙伴的原因致使对方陷入困境，我们仍然相信对方
	7. 我公司与合作伙伴会相互提供能提高业绩的资源
	8. 我公司所有部门会全力配合以提高彼此的绩效
	9. 即使我公司某一部门的行为致使其他部门陷入困境，其他部门仍然相信该部门

3.1.9　人际关系的测量

人际关系是指企业与供应链合作伙伴之间的关系以及企业各部门员工之间的人际关系，指的是关系的发展程度，因此本研究选取 Butcher 等[8]设计的人际关系量表，具体测量题项如表 3 – 9 所示。

表 3 – 9　　人际关系测量题项

变量	测量项目
人际关系	1. 合作伙伴对我公司较为了解
	2. 我公司与合作伙伴关系密切
	3. 我公司与合作伙伴友谊深厚
	4. 我公司与合作伙伴交流广泛
	5. 我公司不同部门员工相互了解
	6. 我公司不同部门员工友谊深厚
	7. 我公司不同部门员工交流广泛
	8. 我公司不同部门员工关系密切

3.2

问卷预测试

由3.1节可知，本研究采用的各变量量表主要源自国际著名期刊刊出的经过信效度检验的量表。但是，由于国内外背景和文化的不同，有必要对选取的初始量表再次进行信效度检测，以便得到具有一定信效度的量表，并得到优化后的问卷。因此，通过获取小样本问卷数据，经信效度检测，本研究得到了正式量表和问卷。

3.2.1 数据基本情况统计

预测试问卷调查分两种。一是网络调查；二是实地调查。2013年5月，在调查问卷基本形成后，通过网络调查及对长沙、株洲的文化创意企业进行了实地问卷调查后，共收回有效问卷137份。调查样本的基本情况如表3－10所示。

表3－10　　预测试调查对象基本资料统计结果

特征	分段	频数	所占比重
性别	男	79	57.7%
	女	58	42.3%
所在企业成立年限	3年以下	23	16.8%
	3～5年	59	43.1%
	6～10年	36	26.3%
	11～15年	13	9.5%
	16年及以上	6	4.4%
所在企业规模	50人及以下	38	27.7%
	51～100人	57	41.6%
	101～300人	21	15.3%
	301～500人	12	8.8%
	501人及以上	9	6.6%
所在企业业务类型	文化艺术类	12	8.8%
	创意设计类	65	47.4%
	媒体类	37	27.0%
	软件与计算机类	23	16.8%

3.2.2 效度分析

效度检验旨在衡量量表有效测量变量的程度，主要包括内容效度和结构效度。内容效度是指测试工具的内容在多大程度上反映研究者所需测量的变量[9]。具备一定内容效度的测量量表能够包含所测变量的关键成分，能够涵盖测验变量的研究范围。内容效度分析一般主要考察测量题项的代表性、测量题项是否涵盖研究对象的理论边界及对应关系、不同测量题项的分配比例是否反映了所测变量的各个成分[10]。除一个变量外，本研究的测量题项都出自国外较为成熟的同类量表，其内容效度已经在使用中得到了证明。

结构效度用于判定测量工具能够测量所测变量的程度。本研究首先进行 KMO 样本测度和 Bartlett 球体检验，以确定是否合适因子分析，然后运用因子分析方法检测各个变量量表的结构效度。表 3－11 给出了是否适合因子分析的判定标准。

表 3－11　　因子分析适合程度的判定标准

检测类别	值的范围	因子分析适合情况
KMO 值	大于 0.9	非常适合
	0.8～0.9	很适合
	0.7～0.8	适合
	0.6～0.7	不太适合
	0.5～0.6	勉强适合
	小于 0.5	不适合
Bartlett P 值	小于或者等于 0.01	适合

本节使用 SPSS17.0 对小样本数据进行因子分析，结果如下。

（1）文化创意企业创新量表因子分析

由表 3－12 可知，KMO 值等于 0.828，大于 0.5；Bartlett 球体检验 χ^2 统计的 Sig. 值为 0.000，小于 0.01，表明文化创意企业创新量表题项数据适宜进行因子分析。

表 3－12　文化创意企业创新量表 KMO 与 Bartlett 球体检验结果

KMO 样本测度		.828
Bartlett 球体检验	近似卡方	121.852
	Df	10
	Sig.	.000

对文化创意企业创新量表题项数据进行主成分分析，删除1条不合格题项（“我公司会为创意的实施提供必需的市场调研和资金支持”）后，因子分析结果如表3－13所示。结果表明文化创意企业创新量表具有良好的结构效度，并且单因子的方差解释量为56.433%，说明该量表的设计较为合理。

表3－13　　　文化创意企业创新量表因子分析结果

测量项目	因子载荷值
	1
FI4. 我公司会为创意的实施制定良好的规划	.785
FI2. 我公司常常能成功开发优秀的创意	.766
FI1. 我公司会不断搜寻新的产品创意	.754
FI3. 我公司会鼓励员工进行创意开发	.731
FI5. 我公司属于创新型企业	.718
方差解释量	56.433%

（2）知识获取能力量表因子分析

由表3－14可知，KMO值等于0.700，大于0.5；Bartlett球体检验χ^2统计的Sig.值为0.000，小于0.01，表明知识获取能力量表题项数据适宜进行因子分析。

表3－14　　知识获取能力量表KMO与Bartlett球体检验结果

KMO样本测度		.700
Bartlett的球体检验	近似卡方	81.518
	Df	6
	Sig.	.000

对知识获取能力量表题项数据进行主成分分析，分析结果如表3－15所示。结果表明，知识获取能力量表具有良好的结构效度，并且单因子的方差解释量为56.668%，说明该量表的设计较为合理。

（3）知识整合能力量表因子分析

从表3－16可以看出，KMO值等于0.780，大于0.5；Bartlett球体检验χ^2统计的Sig.值为0.000，小于0.01，表明知识整合能力量表题项数据适宜进行因子分析。

表 3－15　　知识获取能力量表因子分析结果

测量项目	因子载荷 1
KQ4. 我公司会经常评估工作的可行性	.791
KQ1. 我公司能积极主动地搜集并采纳好的工作方案	.784
KQ2. 我公司能够持续收集与经营有关的经济信息	.748
KQ3. 我公司基于已核实的市场需求进行创意开发	.684
方差解释量	56.668%

表 3－16　　知识整合能力量表 KMO 与 Bartlett 球体检验结果

KMO 样本测度		.780
Bartlett 的球体检验	近似卡方	96.765
	Df	6
	Sig.	.000

对知识整合能力量表题项数据进行主成分分析，删除 2 条不合格题项（“我公司员工能够在和同事交流过程中获益”和“我公司员工很少通过与同事交流寻找解决问题的途径”）后，知识整合能力量表的因子分析结果如表 3－17 所示。结果表明具有良好的结构效度，并且单因子的方差解释量为 61.583%，说明该量表的设计较为合理。

表 3－17　　知识整合能力的因子分析结果

测量项目	因子载荷 1
KI3. 我公司员工能积极通过与同事之间的交流互动来解决问题	.813
KI4. 我公司员工非常愿意与同事交流	.807
KI1. 我公司员工相信与同事交流比单独工作更能推动（创意）项目的发展和创新	.767
KI2. 每天工作结束后，我公司员工能在和同事交流过程中学到新知识	.751
方差解释量	61.583%

（4）企业创新氛围量表因子分析

由表 3－18 可知，KMO 值等于 0.686，大于 0.5；Bartlett 球体检验 χ^2 统计的 Sig. 值为 0.000，小于 0.01，表明企业创新氛围量表题项数据适宜进行因子分析。

表 3-18　企业创新氛围量表 KMO 与 Bartlett 球体检测结果

KMO 样本测度		.686
Bartlett 的球体检验	近似卡方	84.778
	Df	15
	Sig.	.000

对企业创新氛围量表题项数据进行主成分分析，删除 2 条不合格的题项（“我公司员工能自由决定如何实施他们的（创意）项目”和“我公司员工觉得当前工作具有挑战性”）后，企业创新氛围量表的因子分析结果如表 3-19 所示。结果表明具有良好的结构效度，并且 2 个因子对方差的解释量分别为 36.407% 和 22.355%，累计解释量为 58.762%，说明该量表的设计基本合理。

表 3-19　企业创新氛围量表因子分析结果

测量项目	因子载荷	
	1	2
IC3. 我公司员工之间能够自由、开放地交流	.750	
IC1. 我公司鼓励员工采用新的方法解决问题	.747	
IC4. 我公司员工能有效获取（创意）工作需要的资源	.713	
IC2. 我公司领导是创新工作的优秀榜样	.681	
IC6. 我公司员工经常需要在短时间内完成大量工作		.818
IC5. 我公司有许多妨碍创意工作的制度和政策		.684
累计方差解释量	36.407%	58.762%

（5）外部支持环境量表因子分析

由表 3-20 可知，KMO 值等于 0.704，大于 0.5；Bartlett 球体检验 χ^2 统计的 Sig. 值为 0.000，小于 0.01，表明外部支持环境量表题项数据适宜进行因子分析。

表 3-20　外部支持环境量表 KMO 与 Bartlett 球体检测结果

KMO 样本测度		.704
Bartlett 的球体检验	近似卡方	98.359
	Df	10
	Sig.	.000

对外部支持环境量表题项数据进行主成分分析，删除 2 条不合格题项（“我公司与高校之间有密切合作” 和 “我公司常常感到孤立无援”）后，外部支持环境量表的因子分析结果如表 3－21 所示。结果表明具有良好的结构效度，并且单因子的方差解释量为 49.702%，说明该量表的设计较为合理。

表 3－21　　外部支持环境量表的因子分析结果

测量项目	因子载荷
	1
ES4. 我公司与科研单位之间有密切合作	.792
ES2. 我国已制定了有利于文化创意企业发展的法律体系	.739
ES5. 我公司得到了政府部门的大力支持	.726
ES3. 我公司有丰富的融资渠道	.679
ES1. 我国政府已制定了有利于文化创意企业发展的政策	.569
方差解释量	49.702%

（6）企业内部供应链整合量表因子分析

由表 3－22 可知，KMO 值等于 0.635，大于 0.5；Bartlett 球体检验 χ^2 统计的 Sig. 值为 0.000，小于 0.01，表明企业内部供应链整合量表题项数据适宜进行因子分析。

表 3－22　　企业内部供应链整合量表 KMO 与 Bartlett 球体检验结果

KMO 样本测度		.635
Bartlett 的球体检验	近似卡方	79.181
	Df	6
	Sig.	.000

对企业内部供应链整合量表题项数据进行主成分分析，得到企业内部供应链整合量表的因子分析结果如表 3－23 所示。结果表明具有良好的结构效度，并且单因子的方差解释量为 55.237%，说明该量表的设计较为合理。

（7）企业外部供应链整合量表因子分析

由表 3－24 可知，KMO 值等于 0.744，大于 0.5；Bartlett 球体检验 χ^2 统计的 Sig. 值为 0.000，小于 0.01，表明企业外部供应链整合量表题项数据适宜进行因子分析。

表 3－23　企业内部供应链整合量表因子分析结果

测量项目	因子载荷值
	1
II3. 我公司建立了产品设计、制作、销售等部门在线交流系统	.799
II1. 我公司利用信息网络整合不同部门的数据信息	.791
II4. 我公司财务、营销等部门员工非常熟悉产品的设计、制作	.749
II2. 我公司定期召开跨部门会议	.621
方差解释量	55.237%

表 3－24　企业外部供应链整合量表 KMO 与 Bartlett 球体检验结果

KMO 样本测度		.744
Bartlett 的球体检验	近似卡方	107.109
	Df	10
	Sig.	.000

对企业外部供应链整合量表题项数据进行主成分分析，得到企业外部供应链整合量表的因子分析结果如表 3－25 所示。结果表明具有良好的结构效度，并且单因子的方差解释量为 51.200%，说明该量表的设计较为合理。

表 3－25　企业外部供应链整合量表的因子分析结果

测量项目	因子载荷值
	1
EI4. 我公司定期与合作伙伴及顾客沟通与交流	.807
EI2. 我公司通过信息技术与合作伙伴及顾客进行信息共享	.769
EI1. 我公司与主要合作伙伴建立了长期合作关系	.768
EI5. 我公司很重视顾客反馈	.609
EI3. 主要合作伙伴及顾客能够参与我公司的产品设计及制作	.598
方差解释量	51.200%

（8）信任量表因子分析

由表 3－26 可知，KMO 值等于 0.841，大于 0.5；Bartlett 球体检验 χ^2 统计的 Sig. 值为 0.000，小于 0.01，表明信任量表题项数据适宜进行因子分析。

表3-26　信任量表KMO与Bartlett球体检验结果

KMO样本测度		.841
Bartlett的球体检验	近似卡方	190.133
	Df	28
	Sig.	.000

对信任量表题项数据进行主成分分析，删除4条不合格题项（“在情况发生转变时，我公司与合作伙伴仍然会相互支持和帮助”、“我公司与合作伙伴在未来决策时，会考虑对对方的影响”、“无论何时，我公司与合作伙伴为对方所提建议都客观公正”和“我公司各部门员工会时刻关心相互的利益”）后，信任量表的因子分析结果如表3-27所示。结果表明有良好的结构效度，并且2个因子对方差的解释量分别41.388%和17.526%，累计解释量为58.914%，说明该量表的设计较为合理。

表3-27　信任量表因子分析结果

测量项目	因子载荷	
	1	2
TR1. 在重要决策时刻，我公司与合作伙伴会考虑到对方的利益	.771	
TR6. 我公司各部门员工之间由衷地相互信赖	.770	
TR4. 我公司与合作伙伴彼此之间始终信守承诺	.760	
TR5. 我公司与合作伙伴之间由衷地信赖对方	.726	
TR2. 在重大事情上，我公司与合作伙伴能够依靠对方的支持	.719	
TR8. 在有需要时，我公司各部门员工之间会相互帮助	.694	
TR3. 我公司与合作伙伴常为对方提供不确切的信息		.817
TR7. 我公司所有部门员工常为其他部门员工提供不确切信息		.739
累计方差解释量	41.388%	58.914%

（9）承诺量表因子分析

由表3-28可知，KMO值等于0.834，大于0.5；Bartlett球体检验χ^2统计的Sig.值为0.000，小于0.01，表明承诺量表题项数据适宜进行因子分析。

表3-28　承诺量表KMO与Bartlett球体检验结果

KMO样本测度		.834
Bartlett的球体检验	近似卡方	140.865
	Df	15
	Sig.	.000

对承诺量表题项数据进行主成分分析，删除3条不合格题项（“当有人恶意批判我公司或合作伙伴时，我们通常会相互捍卫、如果有更好的选择”、“我公司与合作伙伴会考虑终止彼此间的合作”和“我公司所有部门会全力配合以提高彼此的绩效”）后，承诺量表的因子分析结果如表3-29所示。结果表明具有良好的结构效度，并且单因子的方差解释量为50.392%，说明该量表的设计较为合理。

表3-29　　承诺量表因子分析结果

测量项目	因子载荷
	1
CM4. 我公司与合作伙伴会相互提供能提高业绩的资源	.805
CM3. 我公司与合作伙伴之间会长期合作	.780
CM1. 我公司与合作伙伴之间彼此忠诚	.714
CM6. 即使我公司某一部门的行为致使其他部门陷入困境，其他部门仍然相信他	.697
CM5. 我公司所有部门会全力配合以提高彼此的绩效	.685
CM2. 我公司与合作伙伴都在不断寻找新的合作伙伴	.550
方差解释量	50.392%

（10）人际关系量表因子分析

由表3-30可知，KMO值等于0.741，大于0.5；Bartlett球体检验χ^2统计的Sig.值为0.000，小于0.01，表明人际关系量表题项数据适宜进行因子分析。

表3-30　　人际关系量表KMO与Bartlett球体检验结果

KMO样本测度		.741
Bartlett的球体检验	近似卡方	139.346
	Df	10
	Sig.	.000

对人际关系量表题项数据进行主成分分析，删除3条不合格的题项（“我公司与合作伙伴之间友谊深厚”、“我公司不同部门员工之间相互了解”和“我公司不同部门员工之间友谊深厚”）后，人际关系量表的因子分析结果如表3-31所示。结果表明具有良好的结构效度，并且单因子的方差解释量为56.200%，说明该量表的设计基本合理。

表 3-31 人际关系量表因子分析结果

测量项目	因子载荷值
	1
IR2. 我公司与合作伙伴之间关系密切	.806
IR1. 合作伙伴对我公司较为了解	.773
IR3. 我公司与合作伙伴交流广泛	.744
IR5. 我公司不同部门员工之间关系密切	.734
IR4. 我公司不同部门员工之间交流广泛	.687
方差解释量	56.200%

3.2.3 信度分析

本研究用 Cronbach's α 系数判定测量量表的信度，当 Cronbach's α 系数大于 0.6 时，表明量表信度良好。本研究量表的信度检验结果如表 3-32 所示。结果表明所有变量的 Cronbach's α 值均大于 0.65，说明本研究调查问卷可信度较高。

表 3-32 量表 Cronbach's α 系数

分量表	Cronbach's α 系数
文化创意企业创新	0.806
知识获取能力	0.743
知识整合能力	0.788
企业创新氛围	0.643
外部支持环境	0.743
企业内部供应链整合	0.756
企业外部供应链整合	0.726
信任	0.651
承诺	0.800
人际关系	0.802

3.3 本章小结

本章设计了图 2－1 所示的文化创意企业创新影响因素模型中所有变量的初始量表，在 137 份有效问卷数据的基础上，对变量量表进行了信效度检测，删除了不合格题项后，确立了最终量表。本研究问卷包括 10 个变量的测量题项：企业创新氛围、外部支持环境、知识获取能力、知识整合能力、信任、承诺、人际关系、企业内部供应链整合、企业外部供应链整合和文化创意企业创新。

参考文献

[1] Scott S. G., Bruce R. A. Determinants of innovative behavior: A path model of individual innovation in the workplace [J]. Academy of management journal, 1994, 37 (3): 580－607.

[2] Jantunen A. Knowledge－processing capabilities and innovative performance: an empirical study [J]. European Journal of Innovation Management, 2005, 8 (3): 336－349.

[3] Collins C. J., Smith K. G. Knowledge exchange and combination: The role of human resource practices in the performance of high－technology firms [J]. Academy of management journal, 2006, 49 (3): 544－560.

[4] Amabile, T. M.. A model of creativity and innovation in organizations [J]. Research in organizational behavior, 1988, 10 (1): 123－167.

[5] Narasimhan R., Kim S. W. Effect of supply chain integration on the relationship between diversification and performance: evidence from Japanese and Korean firms [J]. Journal of operations management, 2002, 20 (3): 303－323.

[6] Kumar N., Scheer L. K., Steenkamp J B E M. The effects of perceived interdependence on dealer attitudes [J]. Journal of marketing research, 1995, 32 (3): 348－356.

[7] Anderson E. , Weitz B. The use of pledges to build and sustain commitment in distribution channels [J]. Journal of marketing research, 1992, 29 (Feb): 18 - 34.

[8] Butcher K. , Sparks B. , O'Callaghan F. Evaluative and relational influences on service loyalty [J]. International Journal of Service Industry Management, 2001, 12 (4): 310 - 327.

[9] Haynes S. N. , Richard D. C. , Kubany E. S. Content validity in psychological assessment: A functional approach to concepts and methods [J]. Psychological Assessment, 1995, 7 (3): 238 - 247.

[10] Campbell D. T. , Fiske D. W. Convergent and discriminant validation by the multitrait - mutimethod matrix [J]. Psychological Bulletin, 1959, 56 (2): 81 - 105.

第 4 章 文化创意企业创新影响因素模型的验证——数据获取与分析

本章首先基于对中国文化创意企业进行的问卷调查所获数据运用 SPSS17.0 分析判定信效度；接着进行数据描述性分析，得到基于全部样本和按不同企业特征分组样本的数据特征，进行数据差异性分析，得到企业特征是否对文化创意企业创新、知识管理能力、供应链整合具有影响；运用逐步回归分析方法，得到影响上述变量的各个因素，最后依据对供应链整合、知识管理能力、文化创意企业创新有影响的企业特征变量对样本分组后进行检验，得出分组情形下相关变量的影响因素。

4.1 数据获取

4.1.1 数据获取的对象与方法

依据中国行业协会对文化创意企业的划分标准，本问卷调查企业包括文化艺术类（视觉艺术、表演艺术、音乐制作等）、创意设计类（广告设计、服装设计、建筑设计等）、媒体类（电视、电影、广播与出版等）、软件与计算机服务等四类企业。这些企业作为文化创意产业的上游企业，属于创意产生的源头企业，是文化创意产业最核心的部分，是以“创意”为核心，将创造力与智力资本作为主要输入，生产和制作具有创意内容、经济价值与市场目标的文化创意产品的企业。调查对象是在这四类文化创意企业从事创意工作的员工，由于他们是进行创新工作的主体，以他们为调查对象更能保证调查数据的有效性。为体现问卷调查的普遍性与广泛性，设定调查企业与调查对象在数量上的关系是 1∶1，即一个调查对象对应一个调查企业。为了保证数据的有效性，对于成立低于 4 年的企业，要求调查对象几乎从企业成立起就在该企业工作，而对于成立 4 年以上的企业，要求调查对象至少在该企业工作 4 年。

本研究主要通过下述 5 种方式发放收集调查问卷：1）通过熟人关系，向他们所认识的满足调查对象要求的同学、朋友发放问卷；2）前往武汉、长沙、上海、杭州和深圳，在网上收集当地文化创意企业的联系电话，然后电话预约得到企业的同意与许可后，前往企业实地调查；3）在网上收集文化创意企业的电子邮箱，向符合要求的企业发送电子邮件，请求得到企业的帮助与配合；4）在问卷收集之前收集并加入大量的文化创意类 QQ 群，并与群主及群成员交流熟悉后发放问卷，得到他们的帮助与支持；5）通过新浪微博、腾讯微博、人人网、国内文化创意产业论坛与贴吧，发布问卷调查求助。本研究共收回问卷 793 份，有效问卷 540 份，有效回收率为 68.1%。

关于问卷数量，Bartlett 等提出的标准被普遍接受。他们认为测量题项数与有效问卷数之比至少应达到 1∶5，最好能达到 1∶10。本研究量表的总题项数为 52，540 份有效问卷高于 1∶10 的比例，样本数满足标准。此外，本研究还严格控制问卷的有效性，如果问卷没有填答完整，存在漏填或者多填均视为无效问卷；此外，若被试未认真填答问卷，出现千篇一律的答案，问卷也被视为无效。

4.1.2　样本数据的描述性统计

本研究所获样本被试的基本情况如表 4－1 所示。

从性别比例看，中国文化创意企业员工中的男性员工比例高于女性员工。本调查中男性占 57.8%，女性占 42.2%，因此样本的性别比例是合理的。

表 4－1　　调查对象基本资料统计

特征	分段	频数	所占比重
性别	男	312	57.8%
	女	228	42.2%
企业成立年限	3 年以下	98	18.1%
	3～5 年	231	42.8%
	6～10 年	145	26.9%
	11～15 年	43	8.0%
	16 年及以上	23	4.2%
企业规模	50 人及以下	126	23.3%
	51～100 人	198	36.7%
	101～300 人	109	20.2%
	301～500 人	61	11.3%
	501 人及以上	46	8.5%
企业主营业务类型	文化艺术	35	6.4%
	创意设计	279	51.7%
	媒体	167	31.3%
	软件及计算机服务	57	10.6%

从企业成立年限看，文化创意企业属于新兴企业，成立年限不长。本调查中十年以下的样本企业占比为 87.8%，因此样本企业成立年限的比例是合理的。

从企业规模看，文化创意企业大多属于中小型企业。本调查中 300 人及以下的样本企业占比为 80.2%，因此样本企业规模的比例是合理的。

从企业主营业务类型看，创意设计类涉及的行业较多，范围较广，同时 21 世纪新媒体时代的到来，使得媒体类企业数量快速发展，且媒体类企业属于创意度极高的企业，是文化创意企业中的重点部分，因此，本研究有意识地着重对媒体类企业进行了调查。所以本调查中创意设计和媒体类的样本企业较多，调查对象多集中于这两类企业。

4.2

信度和效度分析

4.2.1　聚合效度分析

运用 SPSS17.0 对样本数据进行聚合效度分析。结果如表 4-2 所示，删除各个项目后的 Cronbach's α 值均没有增加，说明各个变量的聚合效度良好。

表 4-2　　各变量聚合效度评估结果

变量	变量 Cronbach's α 值	测量项目编号	CITC 值	项目删除后的 Cronbach's α 值	评价
文化创意企业创新	0.853	FI1	.645	.827	合理
		FI2	.729	.805	合理
		FI3	.647	.828	合理
		FI4	.706	.811	合理
		FI5	.606	.839	合理
知识获取能力	0.786	KQ1	.639	.711	合理
		KQ2	.579	.741	合理
		KQ3	.583	.739	合理
		KQ4	.573	.745	合理
知识整合能力	0.826	KI1	.641	.785	合理
		KI2	.619	.796	合理
		KI3	.699	.761	合理
		KI4	.652	.780	合理
企业创新氛围	0.685	IC1	.512	.548	合理
		IC2	.513	.542	合理
		IC3	.361	.564	合理
		IC4	.465	.586	合理
		IC5	.449	.616	合理
		IC6	.484	.632	合理

续表

变量	变量 Cronbach's α 值	测量项目编号	CITC 值	项目删除后的 Cronbach's α 值	评价
外部支持环境	0.767	ES1	.415	.706	合理
		ES2	.546	.660	合理
		ES3	.515	.669	合理
		ES4	.431	.705	合理
		ES5	.542	.657	合理
企业内部供应链整合	.772	II1	.624	.691	合理
		II2	.480	.765	合理
		II3	.600	.703	合理
		II4	.595	.705	合理
企业外部供应链整合	0.822	EI1	.607	.790	合理
		EI2	.666	.773	合理
		EI3	.550	.806	合理
		EI4	.695	.766	合理
		EI5	.573	.800	合理
信任	0.716	TR1	.487	.671	合理
		TR2	.418	.685	合理
		TR3	.461	.704	合理
		TR4	.631	.646	合理
		TR5	.542	.664	合理
		TR6	.615	.643	合理
		TR7	.328	.701	合理
		TR8	.635	.636	合理
承诺	0.841	CM1	.634	.811	合理
		CM2	.521	.832	合理
		CM3	.703	.797	合理
		CM4	.730	.792	合理
		CM5	.605	.817	合理
		CM6	.517	.834	合理
人际关系	0.840	IR1	.635	.809	合理
		IR2	.683	.797	合理
		IR3	.678	.797	合理
		IR4	.598	.820	合理
		IR5	.625	.812	合理

4.2.2　区分效度分析

首先，计算 KMO 值，进行 Bartlett 球体检验，判断是否适宜进行因子分析。若 KMO 大于 0.5 或 Bartlett 球体检验的 Sig. 值低于 0.05，则适合进行因子分析。分别对 10 个变量量表进行 KMO 值测度和 Bartlett 球体检验分析。结果如表 4－3 所示，各变量量表的 KMO 值与 Bartlett 球体检验的 Sig. 值均表明，本研究的各个量表均可进行因子分析。

表 4－3　　各变量量表的 KMO 值及 Bartlett 球体检验结果

变量	KMO 值	Bartlett 球体检验
		近似卡方（df, Sig.）
文化创意企业创新	0.865	1081.153（10，.000）
知识获取能力	0.757	611.831（6，.000）
知识整合能力	0.792	778.257（6，.000）
企业创新氛围	0.670	529.704（15，.000）
外部支持环境	0.747	517.757（10，.000）
企业内部供应链整合	0.713	594.162（6，.000）
企业外部供应链整合	0.811	925.667（10，.000）
信任	0.819	1444.036（28，.000）
承诺	0.860	1180.209（15，.000）
人际关系	0.777	1076.675（10，.000）

（1）文化创意企业创新量表

对问卷中的文化创意企业创新量表进行因子分析。结果如表 4－4 所示，各个题项的因子载荷均大于 0.5，单因子的方差解释量为 63.257%。因此，文化创意企业创新量表的因子分析结果良好。

表 4－4　　文化创意企业创新测量量表的因子分析结果

测量项目	因子载荷	累计方差解释量（%）
	1	
FI2	.841	
FI4	.826	
FI3	.781	63.257
FI1	.780	
FI5	.745	

（2）知识获取能力量表

对问卷中的知识获取能力量表进行因子分析。结果如表 4－5 所示，因子载荷都大于0.5，单因子对方差的解释量为61.017%，因子分析结果良好。

表 4－5　知识获取能力测量量表的因子分析结果

测量项目	因子载荷	累计方差解释量（%）
	1	
KQ1	.816	61.017
KQ2	.773	
KQ3	.771	
KQ4	.763	

（3）知识整合能力量表

对问卷中知识整合能力量表进行因子分析。结果如表 4－6 所示，因子载荷都大于 0.5，单因子对方差的解释量为 65.957%，因子分析结果良好。

表 4－6　知识整合能力测量量表的因子分析结果

测量项目	因子载荷	累计方差解释量（%）
	1	
KI3	.844	65.957
KI4	.816	
KI1	.801	
KI2	.786	

（4）企业创新氛围量表

对问卷中的企业创新氛围量表进行因子分析。结果如表 4－7 所示，因子载荷都大于 0.5，且两个因子对方差的解释量分别为 36.688% 和 22.301%，累计解释量为 58.988%，因子分析结果良好。

（5）外部支持环境量表

对问卷中的外部支持环境量表进行因子分析。结果如表 4－8 所示，因子载荷都大于0.5，且单因子对方差的解释量为48.204%，因子分析结果良好。

表 4－7　　企业创新氛围量表的因子分析结果

测量项目	因子载荷		方差解释量（%）	累计方差解释量（%）
	1	2		
IC1	.786		36.688	36.688
IC4	.752			
IC2	.727			
IC3	.692			
IC6		.760	22.301	58.988
IC5		.719		

表 4－8　　外部支持环境测量量表的因子分析结果

测量项目	因子载荷	累计方差解释量（%）
	1	
ES5	.742	48.204
ES2	.740	
ES3	.715	
ES4	.637	
ES1	.629	

（6）企业内部供应链整合量表

对问卷中的企业内部供应链整合量表进行因子分析。结果如表 4－9 所示，因子载荷都大于 0.5，单因子对方差的解释量为 59.607%，因子分析结果良好。

表 4－9　　企业内部供应链整合测量量表的因子分析结果

测量项目	因子载荷	累计方差解释量（%）
	1	
II1	.810	59.607
II3	.798	
II4	.788	
II2	.686	

（7）企业外部供应链整合测量量表

对问卷中的企业外部供应链整合分量表进行因子分析。结果如表 4－10 所示，因子载荷都大于 0.5，单因子对方差的累计解释量为 58.804%，因子分析结果良好。

表 4-10　　企业外部供应链整合测量量表的因子分析结果

测量项目	因子载荷	累计方差解释量（%）
	1	
EI4	.827	58.804
EI2	.803	
EI1	.758	
EI5	.735	
EI3	.705	

（8）信任量表

对问卷中的信任量表进行因子分析。结果如表 5-11 所示，因子载荷都大于 0.5，两个因子对方差的解释量分别为 43.306% 和 19.248%，累计解释量为 62.555%，因子分析结果良好。

表 4-11　　信任测量量表的因子分析结果

测量项目	因子载荷		方差解释量（%）	累计方差解释量（%）
	1	2		
TR4	.804		43.306	43.306
TR6	.779			
TR5	.774			
TR8	.746			
TR1	.729			
TR2	.714			
TR3		.843	19.248	62.555
TR7		.805		

（9）承诺量表

对问卷中的承诺分量表进行因子分析。结果如表 4-12 所示，因子载荷都大于 0.5，且单因子对方差的解释量为 55.939%，因子分析结果良好。

（10）人际关系量表

对问卷中的人际关系量表进行因子分析。结果如表 4-13 所示，因子载荷都大于 0.5，单因子对方差的解释量为 61.079%，因子分析结果良好。

表 4-12　　承诺测量量表的因子分析结果

测量项目	因子载荷	累计方差解释量（%）
	1	
CM4	.838	55.939%
CM3	.819	
CM1	.764	
CM5	.733	
CM2	.660	
CM6	.654	

表 4-13　　人际关系测量量表的因子分析结果

测量项目	因子载荷	累计方差解释量（%）
	1	
IR2	.809	61.079
IR3	.808	
IR1	.779	
IR5	.762	
IR4	.747	

4.2.3　信度分析

所有变量构成的总量表及各变量量表的 Cronbach's α 系数如表 4-14 所示。结果显示，Cronbach's α 值均大于 0.6。按照判断标准，Cronbach's α 系数大于 0.6 的问卷信度是可以接受的，因此正式测量问卷中的各个变量量表信度良好。

表 4-14　　各变量量表的信度检测结果

量表	Cronbach's α 系数
文化创意企业创新	0.853
知识获取能力	0.786
知识整合能力	0.826
企业创新氛围	0.685
外部支持环境	0.767
企业外部供应链整合	0.772

续表

量表	Cronbach's α 系数
企业内部供应链整合	0.822
信任	0.716
承诺	0.841
人际关系	0.840
总量表	0.966

4.3 数据分析

4.3.1 数据的描述性分析

为了更清晰地描述全部样本和依不同企业特征分组样本的各变量数据特点，本小节基于全部样本，基于依成立年限、人员规模、主营业务类型等三种特征的分组样本，分析各变量数据的均值、标准差、方差及均值的标准误差。

（1）文化创意企业创新数据的描述性分析

如附录3表1所示，全部被试文化创意企业的创新均值为3.8230，在中间水平3分之上。对于依企业成立年限的分组样本，成立16年及以上的样本企业的创新均值最高，达到3.9813。成立11～15年的样本企业的创新均值最低，为3.7192。成立3～5年的样本企业的创新方差最大，为0.911，说明此类企业的创新值波动比较大。对于依企业规模的分组样本，501人及以上的样本企业的创新均值最高，达到4.0129，301～500人的样本企业的创新均值最低，为3.5733，并且此类企业的创新方差最大，为1.213，说明此类企业的创新值波动比较大。对于依主营业务类型的分组样本，文化艺术类样本企业的创新均值最高，达到4.1296，创意设计类样本企业的创新均值最低，为3.6096。媒体类样本企业的创新方差最大，为1.047，说明此类企业的创新波动比较大。

（2）知识获取能力数据的描述性分析

如附录3表2所示，全部被试文化创意企业的知识获取能力均值为3.8212，在中间水平3分之上。对于依企业成立年限的分组样本，成立16年及以上的样本企业的知识获取能力均值最高，达到4.1267，成立11～15年的样本企业的知识获取能力均值最低，为3.5913。成立3年以下的样本企业的知识获取能力方差最大，为0.753，说明此类企业的知识获取能力值波动比较大。对于依企业规模的分组样本，501人及以上的样本企业的知识获取能力均值最高，达到3.9946，301～500人的样本企业的知识获取能力均值最低，为3.7042。101～300人的样本企业的知识获取能力方差最大，为0.947，说明此类企业的知识获取能力值波动比较大。对于依主营业务类型的分组样本，文化艺术类样本企业的知识获取能力均值最高，达到3.9884，创意设计类样本企业的知识获取能力均值最低，为3.6731。媒体类样本企业的知识获取能力方差最大，为0.801，说明此类企业的知识获取能力波动比较大。

（3）知识整合能力数据的描述性分析

如附录3表3所示，全部被试文化创意企业的知识整合能力均值为3.8866，在中间水平3分之上。对于依企业成立年限的分组样本，成立16年及以上的样本企业的知识整合能力均值最高，达到4.1967，成立3～5年的样本企业的知识整合能力均值最低，为3.7328，而且此类企业的知识整合能力方差最大，为0.834，说明此类企业的知识整合能力值波动比较大。对于依企业规模的分组样本，501人及以上的样本企业的知识整合能力均值最高，达到4.1022，301～500人的样本企业的知识整合能力均值最低，为3.7708，而且此类企业的知识整合能力方差最大，为1.308，说明此类企业的知识整合能力值波动比较大。对于依主营业务类型的分组样本，文化艺术类企业的知识整合能力均值最高，达到4.1111，创意设计类企业的知识整合能力均值最低，为3.6659。媒体类企业的知识整合能力方差最大，为1.023，说明此类企业的知识整合能力波动比较大。

（4）企业创新氛围数据的描述性分析

如附录3表4所示，全部被试文化创意企业的创新氛围均值为3.3234，在中间水平3分之上。对于依企业成立年限的分组样本，成立3年以下的样本企业的创新氛围均值最高，达到3.5329，成立11～15年的样本企业的创新氛围均值最低，为3.1121，而且此类企业的创新氛围方差最大，为0.470，说明此类企业的知识整合能力值波动比较大。对于依企业规模的分组样本，101～300人的样本企业的创新氛围均值最高，达到3.4097，301～500人的样本企业的创新氛围均值最低，为3.1048。50人及以下的样本企业的创新氛围方差最大，为0.407，说明此类企业的创新氛围值波动比较大。对于依主营业务类型的分组样本，文化艺术类样本企业的创新氛围均值最高，达到3.4969，创意设计类样本企业的创新氛围均值最低，为3.1208，而且此类企业的创新氛围方差最大，为0.442，说明此类企业的创新氛围波动比较大。

（5）外部支持环境数据的描述性分析

如附录3表5所示，全部被试文化创意企业的外部支持环境均值为3.4337，在中间水平3分之上。对于依企业成立年限的分组样本，成立16年及以上的样本企业的外部支持环境均值最高，达到3.6960，成立11～15年的样本企业的外部支持环境均值最低，为3.1846。成立3～5年的样本企业的外部支持环境方差最大，为0.797，说明此类企业的外部支持环境值波动比较大。对于依企业规模的分组样本，501人及以上的样本企业的外部支持环境均值最高，达到3.7785，50人及以下的样本企业的外部支持环境均值最低，为3.0083。101～300人的样本企业的外部支持环境方差最大，为0.701，说明此类企业的外部支持环境值波动比较大。对于依主营业务类型的分组样本，文化艺术类样本企业的外部支持环境均值最高，达到3.6926，创意设计类样本企业的外部支持环境均值最低，为3.0385，而且此类样本企业的外部支持环境方差最大，为0.626，说明此类样本企业的外部支持环境波动比较大。

（6）企业内部供应链整合数据的描述性分析

如附录3表6所示，全部被试文化创意企业的内部供应链整合均值为3.7167，在中间水平3分之上。对于依企业成立年限的分组样本，成立16年及以上的样本企业的内部供应链整合均值最高，达到4.0767，成立11～15年的样本企业的内部供应链整合均值最低，为3.4471。成立6～10年的样本企业的内部供应链整合方差最大，为0.826，说明此类企业的内部供应链整合值波动比较大。对于依企业规模的分组样本，501人及以上的样本企业的内部供应链整合均值最高，达到3.9704，301～500人的样本企业的内部供应链整合均值最低，为3.5500。101～300人的样本企业的内部供应链整合方差最大，为1.160，说明此类企业的内部供应链整合值波动比较大。对于依主营业务类型的分组样本，媒体类样本企业的内部供应链整合均值最高，达到4.0571，创意设计类样本企业的内部供应链整合均值最低，为3.3317，而且此类企业的内部供应链整合方差最大，为 1.045，说明此类企业的内部供应链整合波动比较大。

（7）企业外部供应链整合数据的描述性分析

如附录 3 表 7 所示，全部被试文化创意企业的外部供应链整合均值为 3.9304，在中间水平 3 分之上。对于依企业成立年限的分组样本，成立 16 年及以上的样本企业的外部供应链整合均值最高，达到 4.1440，成立 3～5 年的样本企业的外部供应链整合均值最低，为 3.8187。成立 11～15 年的样本企业的外部供应链整合方差最大，为 0.887，说明此类企业的外部供应链整合值波动比较大。对于依企业规模的分组样本，501 人及以上的样本企业的外部供应链整合均值最高，达到 4.1634，301～500 人的样本企业的外部供应链整合均值最低，为 3.8466。301～500 人的样本企业的外部供应链整合方差最大，为 1.127，说明此类企业的外部供应链整合值波动比较大。对于依主营业务类型的分组样本，媒体类样本企业的外部供应链整合均值最高，达到 4.0571，创意设计类样本企业外部支持环境均值最低，为 3.3317，而且此类企业的外部供应链整合方差最大，为 1.045，说明此类企业的外部供应链整合波动比较大。

（8）信任数据的描述性分析

如附录 3 表 8 所示，全部被试文化创意企业的信任均值为 3.6304，在中间水平 3 分之上。对于依企业成立年限的分组样本，成立 3 年以下的样本企业的信任均值最高，达到 3.6809，成立 3～5 年的样本企业的信任均值最低，为 3.5813。成立 11～15 年的企业信任方差最大，为 0.460，说明此类企业信任值波动比较大。对于依企业规模的分组样本，101～300 人的样本企业的信任均值最高，达到 3.6746，301～500 人的样本企业的信任均值最低，为 3.5400。101～300 人的样本企业的信任方差最大，为 0.581，说明此类企业信任值波动比较大。对于依主营业务类型的分组样本，文化艺术类样本企业的信任均值最高，达到 3.8886，创意设计类样本企业的信任均值最低，为 3.4290，而且此类企业的信任方差最大，为 0.412，说明此类企业的信任波动比较大。

（9）承诺数据的描述性分析

如附录 3 表 9 所示，全部被试文化创意企业的承诺均值为 3.7292，在中间水平 3 分之上。对于依企业成立年限的分组样本，成立 16 年及以上的样本企业的承诺均值最高，达到 4.0641，成立 3～5 年的样本企业的承诺均值最低，为 3.5936。成立 11～15 年的样本企业的承诺方差最大，为 0.858，说明此类企业的承诺值波动比较大。对于依企业规模的分组样本，500 人及以上的样本企业的承诺均值最高，达到 4.0081，51～100 人的样本企业的承诺均值最低，为 3.6056。101～300 人的样本企业的承诺方差最大，为 0.937，说明此类企业的承诺值波动比较大。对于依主营业务类型的分组样本，媒体类样本企业的承诺均值最高，达到 3.8635，创意设计类样本企业的承诺均值最低，为 3.5486，而且此类企业的承诺方差最大，为 0.653，说明此类企业承诺波动较大。

（10）人际关系数据的描述性分析

如附录 3 表 10 所示，全部被试文化创意企业的人际关系均值为 3.7300，在中间水平 3 分之上。对于依企业成立年限的分组样本，成立 16 年及以上的样本企业的人际关系均值最高，达到 3.9413，成立 11～15 年的样本企业的人际关系均值最低，为 3.5731，而且此类企业的人际关系方差最大，为 0.864，说明此类企业的人际关系值波动比较大。对于依企业规模的分组样本，501 人及以上的样本企业的人际关系均值最高，达到 3.8430，50 人及以下的样本企业的人际关系均值最低，为 3.6368。101～300 人的样本企业的人际关系方差最大，为 1.091，说明此类企业的人际关系值波动比较大。对于依主营业务类型的分组样本，文化艺术类样本企业的人际关系均值最高，达到 4.0130，创意设计类样本企业的人际关系均值最低，为 3.4269，而且此类企业的承诺方差最大，为 0.858，说明此类企业的人际关系波动比较大。

4.3.2 数据的差异性分析

本小节运用 SPSS17.0 分析不同企业特征的文化创意企业创新、知识获取能力、知识整合能力、企业内部供应链整合和企业外部供应链整合是否存在显著差异。差异检验的判定标准为显著性系数 Sig 值（P 值）小于 0.05。

（1）文化创意企业创新的差异性分析

1）依企业成立年限的差异性分析。方差分析结果如表 4－15 所示，F 检验的显著性水平 Sig 值等于 0.437，大于 0.05，说明文化创意企业创新在不同成立年限样本企业之间不存在显著差异。方差齐性检验 Sig 值等于 0.000，小于 0.05，说明方差不具有齐性，因此选取最小显著差异法 LSD 进行多重比较分析。分析结果如附录 3 表 11 所示，结果显示企业成立年限对文化创意企业创新没有影响。

表 4－15　方差分析结果——企业成立年限与文化创意企业创新

	方差和	自由度	均方差	F	显著水平	方差齐性检验	
						Levene 统计	Sig.
组内	2.812	4	.703	.947	.437		
组间	397.303	535	.743			6.681	.000
总计	400.115	539					

2）依企业规模的差异性分析。方差分析结果如表 4－16 所示，F 检验的显著性水平 Sig 值等于 0.009，小于 0.05，说明文化创意企业创新在不同规模样本企业之间具有显著差异。方差齐性检验 Sig. 值为 0.000，小于 0.05，说明方差不具有齐性，因此选取最小显著差异法 LSD 进行多重比较分析。分析结果如附录 3 表 12 所示，结果表明 101～300 人规模的样本企业与 300～500 人的样本企业存在显著差异，501 人及以上的样本企业与 50 人及以下、51～100 人、301～500 人的样本企业存在显著差异，且 501 及以上的样本企业比 500 及以下的样本企业高。总之，随着企业规模的增加，文化创意企业创新呈现先上升后下降，再上升的趋势。

表 4－16　方差分析结果——企业规模与文化创意企业创新

	方差和	自由度	均方差	F	显著水平	方差齐性检验	
						Levene 统计	Sig.
组内	10.032	4	2.508	3.440	.009		
组间	390.083	535	.729			10.774	.000
总计	400.115	539					

3）依主营业务类型的差异性分析。方差分析结果如表 4－17 所示，F 检验的显著性水平 Sig. 值等于 0.000，小于 0.05，说明文化创意企业创新依主营业务类型具有显著差异。方差齐性检验 Sig. 值等于 0.001，小于 0.05，说明方差不具有齐性，因此选取最小显著差异法 LSD 进行多重比较分析。分析结果如附录 3 表 13 所示，结果表明主营文化艺术、创意设计、媒体、软件及计算机服务的各类样本企业之间具有显著差异，且文化艺术类样本企业的创新明显高于其他业务类型的样本企业。

表 4-17　方差分析结果——业务类型与文化创意企业创新

	方差和	自由度	均方差	F	显著水平	方差齐性检验	
						Levene 统计	Sig.
组内	18.971	3	6.324	8.893	.000		
组间	381.144	536	.711			5.623	.001
总计	400.115	539					

（2）知识获取能力的差异性分析

1）依企业成立年限的差异性分析。方差分析结果如表 4-18 所示，F 检验的显著性水平 Sig. 值等于 0.002，小于 0.05，说明知识获取能力依企业成立年限具有显著差异。方差齐性检验 Sig. 值等于 0.000，小于 0.05，说明方差不具有齐性，因此选取最小显著差异法 LSD 进行多重比较分析。分析结果如附录 3 表 14 所示，结果表明成立年限在 3~5 年、6~10 年与 11~15 年的样本企业与 16 年及以上的样本企业之间存在显著差异，成立年限在 3 年以下的样本企业与 11~15 年的样本企业存在显著差异，成立 16 年及以上的样本企业的知识获取能力高于 15 年及以下的样本企业。总之，随着企业成立年限的增加，文化创意企业知识获取能力呈现先下降后上升的趋势。

表 4-18　方差分析结果——企业成立年限与知识获取能力

	方差和	自由度	均方差	F	显著水平	方差齐性检验	
						Levene 统计	Sig.
组内	11.004	4	2.751	4.273	.002		
组间	344.403	535	.644			5.432	.000
总计	355.407	539					

2）依企业规模的差异性分析。方差分析结果如表 4-19 所示，F 检验的显著性水平 Sig. 值等于 0.212，大于 0.05，说明知识获取能力依企业规模没有显著差异。方差齐性检验 Sig. 值等于 0.000，小于 0.05，即方差不具有齐性，因此选取最小显著差异法 LSD 进行多重比较分析。分析结果如附录 3 表 15 所示，结果表明企业规模对知识获取能力没有影响。

3）依主营业务类型的差异性分析。方差分析结果如表 4-20 所示，F 检验的显著性水平 Sig. 值等于 0.002，小于 0.05，说明知识获取能力依主营业务类型存在显著差异。方差齐性检验 Sig. 值等于 0.000，小于

表4－19　　方差分析结果——企业规模与知识获取能力

	方差和	自由度	均方差	F	显著水平	方差齐性检验	
						Levene 统计	Sig.
组内	3.843	4	.961	1.462	.212		
组间	351.564	535	.657			5.762	.000
总计	355.407	539					

0.05，即方差不具有齐性，因此选取最小显著差异法LSD进行多重比较分析。分析结果如附录3表16所示，结果表明文化艺术、创意设计、媒体、软件及计算机服务各类样本企业之间存在显著差异，且文化艺术类样本企业的知识获取能力高于其他业务类型的样本企业。

表4－20　　方差分析结果——业务类型与知识获取能力

	方差和	自由度	均方差	F	显著水平	方差齐性检验	
						Levene 统计	Sig.
组内	9.746	3	3.249	5.037	.002		
组间	345.661	536	.645			7.033	.000
总计	355.407	539					

（3）知识整合能力的差异性分析

1）依企业成立年限的差异性分析。方差分析结果如表4－21所示，F检验的显著性水平Sig.值等于0.001，小于0.05，说明知识整合能力依企业成立年限存在显著差异。方差齐性检验Sig.值等于0.001，小于0.05，即方差不具有齐性，因此选取最小显著差异法LSD进行多重比较分析。分析结果如附录3表17所示，结果表明成立年限在3年以下、3～5年、6～10年与16年及以上的样本企业之间存在显著差异，且成立3～5年的样本企业与成立11～15年的样本企业也存在显著差异，另外，成立16及以上的样本企业的知识整合能力高于成立15年及以下的样本企业。总之，随着企业成立年限的增加，文化创意企业知识整合能力呈现先下降后上升的趋势。

2）依企业规模的差异性分析。方差分析结果如表4－22所示，F检验的显著性水平Sig.值等于0.087，大于0.05，说明知识整合能力依企业规模没有显著差异。方差齐性检验Sig.值等于0.000，小于0.05，即方差不具有齐性，因此选取最小显著差异法LSD进行多重比较分析。分析结果如附录3表18所示，结果表明企业规模对文化创意企业的知识整合能力没有影响。

表 4-21　方差分析结果——企业成立年限与知识整合能力

	方差和	自由度	均方差	F	显著水平	方差齐性检验	
						Levene 统计	Sig.
组内	12.680	4	3.170	4.678	.001		
组间	362.560	535	.678			4.823	.001
总计	375.240	539					

表 4-22　方差分析结果——企业规模与知识整合能力

	方差和	自由度	均方差	F	显著水平	方差齐性检验	
						Levene 统计	Sig.
组内	5.646	4	1.412	2.043	.087		
组间	369.594	535	.691			7.809	.000
总计	375.240	539					

3）依主营业务类型的差异性分析。方差分析结果如表 4-23 所示，F 检验的显著性水平 Sig. 值等于 0.001，小于 0.05，说明知识整合能力依主营业务类型存在显著差异。方差齐性检验 Sig. 值等于 0.006，小于 0.05，即方差不具有齐性，因此选取最小显著差异法 LSD 进行多重比较分析。分析结果如附录 3 表 19 所示，结果表明文化艺术、创意设计、媒体、软件及计算机服务各类样本企业之间存在显著差异，且文化艺术类样本企业的知识整合能力明显高于其他业务类型的样本企业。

表 4-23　方差分析结果——业务类型与知识整合能力

	方差和	自由度	均方差	F	显著水平	方差齐性检验	
						Levene 统计	Sig.
组内	11.374	3	3.791	5.585	.001		
组间	363.866	536	.679			4.222	.006
总计	375.240	539					

（4）企业内部供应链整合的差异性分析

1）依企业成立年限的差异性分析。方差分析结果如表 4-24 所示，F 检验的显著性水平 Sig. 值等于 0.01，小于 0.05，说明企业内部供应链整合依企业成立年限具有显著差异。方差齐性检验 Sig. 值等于 0.011，小于 0.05，即方差不具有齐性，因此选取最小显著差异法 LSD 进行多重比较分析。分析结果如附录 3 表 20 所示，结果表明成立年限在 3 年以下、

3~5年、6~10年、11~15年的样本企业之间的内部供应链整合无显著差异，而成立16年及以上的企业与成立15年及以下的样本企业具有显著差异，且成立16年及以上的样本企业的内部供应链整合普遍高于成立15年及以下的样本企业。总之，随着成立年限的增加，企业内部供应链整合呈现先下降后上升的趋势。

表4-24 方差分析结果——企业成立年限与企业内部供应链整合

	方差和	自由度	均方差	F	显著水平	方差齐性检验	
						Levene统计	Sig.
组内	13.960	4	3.490	4.682	.001		
组间	398.815	535	.745			3.289	.011
总计	412.775	539					

（2）依企业规模的差异性分析。方差分析结果如表4-25所示，F检验的显著性水平Sig.值等于0.002，小于0.05，说明企业内部供应链整合依企业规模具有显著差异。方差齐性检验Sig.值等于0.000，小于0.05，即方差不具有齐性，因此选取最小显著差异法LSD进行多重比较分析。分析结果如附录3表21所示，结果表明501人及以上的样本企业与50人及以下、301~500人的样本企业之间具有显著差异，另外，50人及以下与51~100人的样本企业之间存在显著差异，且501人及以上的样本企业的内部供应链整合高于500人及以下的样本企业。总之，随着企业规模的增加，企业内部供应链整合呈现先上升后下降，然后再上升的趋势。

表4-25 方差分析结果——企业规模与企业内部供应链整合

	方差和	自由度	均方差	F	显著水平	方差齐性检验	
						Levene统计	Sig.
组内	13.261	4	3.315	4.440	.002		
组间	399.514	535	.747			7.943	.000
总计	412.775	539					

3）依主营业务类型的差异性分析。方差分析结果如表4-26所示，F检验的显著性水平Sig.值等于0.000，小于0.05，说明企业内部供应链整合依主营业务类型具有显著差异。方差齐性检验Sig.值等于0.030，小于0.05，即方差不具有齐性，因此选取最小显著差异法LSD进行多重比

较分析。分析结果如附录3表22所示，结果表明文化艺术、创意设计、媒体与软件及计算机服务的各类样本企业之间具有显著差异，主营媒体业务的样本企业的内部供应链整合高于其他业务类型的样本企业。

表4－26　方差分析结果——业务类型与企业内部供应链整合

	方差和	自由度	均方差	F	显著水平	方差齐性检验	
						Levene统计	Sig.
组内	28.085	3	9.362	13.044	.000		
组间	384.690	536	.718			2.997	.030
总计	412.775	539					

（5）企业外部供应链整合的差异性分析

1）依企业成立年限的差异性分析。方差分析结果如表4－27所示，F检验的显著性水平Sig.值等于0.024，小于0.05，说明企业外部供应链整合依企业成立年限具有显著差异。方差齐性检验Sig.值等于0.000，小于0.05，即方差不具有齐性，因此选取最小显著差异法LSD进行多重比较分析。分析结果如附录3表23所示，结果表明成立年限3～5年、11～15年与16年及以上的样本企业之间具有显著差异，成立年限16年及以上的样本企业的外部供应链整合高于15年及以下的样本企业。

表4－27　方差分析结果——企业成立年限与企业外部供应链整合

	方差和	自由度	均方差	F	显著水平	方差齐性检验	
						Levene统计	Sig.
组内	7.219	4	1.805	2.836	.024		
组间	340.483	535	.636			6.907	.000
总计	347.702	539					

2）依企业规模的差异性分析。方差分析结果如表4－28所示，F检验的显著性水平Sig.值等于0.010，小于0.05，说明企业外部供应链整合依企业规模具有显著差异。方差齐性检验Sig.值等于0.000，小于0.05，即方差不具有齐性，因此选取最小显著差异法LSD进行多重比较分析。分析结果如附录3表24所示，结果表明50人及以下、101－300人与501人及以上的样本企业之间的差异显著，且501及以上的样本企业的外部供应链整合高于500及以下的样本企业。总之，随着企业规模的增加，文化创意企业外部供应链整合呈现先上升后下降，再上升的趋势。

表 4-28 方差分析结果——企业规模与企业外部供应链整合

	方差和	自由度	均方差	F	显著水平	方差齐性检验	
						Levene 统计	Sig.
组内	8.463	4	2.116	3.337	.010		
组间	339.239	535	.634			13.161	.000
总计	347.702	539					

3）依主营业务类型的差异性分析。方差分析结果如表 4-29 所示，F 检验的显著性水平 Sig. 值等于 0.000，小于 0.05，说明企业外部供应链整合依企业主营业务类型有显著差异。方差齐性检验 Sig. 值等于 0.037，小于 0.05，即方差不具有齐性，因此选取最小显著差异法 LSD 进行多重比较分析。分析结果如附录 3 表 25 所示，结果表明文化艺术、创意设计、媒体与软件及计算机服务的各类样本企业之间具有显著差异，且文化艺术类样本企业的外部供应链整合高于其他业务类型的样本企业。

表 4-29 方差分析结果——业务类型与企业外部供应链整合

	方差和	自由度	均方差	F	显著水平	方差齐性检验	
						Levene 统计	Sig.
组内	12.611	3	4.204	6.724	.000		
组间	335.091	536	.625			2.844	.037
总计	347.702	539					

通过上述差异性分析结果可知，样本文化企业创意企业的创新依企业规模和主营业务类型具有显著差异。样本文化创意企业的知识获取能力与知识整合能力依企业成立年限和主营业务类型具有显著差异。样本文化创意企业的内部供应链整合与外部供应链整合依企业成立年限、规模和主营业务类型具有显著差异。

4.3.3 变量之间的相关性分析

本研究采用 SPSS17.0 运用双变量相关分析方法对各个变量之间进行相关分析，得到如表 4-30 所示的相关系数矩阵。知识获取能力、知识整合能力、企业创新氛围、外部支持环境、企业内部供应链整合、企业外部供应链整合、信任、承诺、人际关系等都与文化创意企业创新在 0.01 水平上显著相关，初步验证了第 2 章提出的 H1 至 H29 全部假设。

表 4 - 30　　各个变量之间的相关系数

变量	FI	KQ	KI	IC	ES	II	EI	TR	CM	IR
FI	1									
KQ	.811**	1								
KI	.735**	.731**	1							
IC	.588**	.566**	.422**	1						
ES	.595**	.634**	.605**	.404**	1					
II	.740**	.756**	.664**	.484**	.650**	1				
EI	.778**	.766**	.785**	.369**	.646**	.765**	1			
TR	.748**	.719**	.797**	.459**	.546**	.641**	.800**	1		
CM	.765**	.808**	.790**	.429**	.648**	.770**	.836**	.796**	1	
IR	.766**	.816**	.778**	.465**	.652**	.769**	.818**	.796**	.841**	1

注：** 表示 0.01 水平上显著相关（双侧）。

4.4 假设检验

由表 4 - 30 的相关性分析结果可知，自变量之间存在相关性，可能存在多重共线性关系。通过逐步回归分析，不但可以通过共线性统计量判定自变量之间是否存在多重共线性关系，而且可以清晰地观察到各个自变量对因变量的影响程度。逐步回归分析同时考虑所有自变量，并使影响显著的自变量按照其影响程度由高到低进入因变量的回归方程。因此，本研究采用逐步回归分析方法进一步检验第 2 章提出的假设。

4.4.1 基于全部样本的假设检验

（1）文化创意企业创新的影响因素检验

基于全部样本的文化创意企业创新的逐步回归分析结果如图 4 - 31、图 4 - 32 所示。由表 4 - 31 可知，6 步逐步回归得到的各模型的显著性 Sig. 值均小于 0.05，说明所有模型的回归均显著。第 6 步的调整判断系数 R^2 等于 0.765，说明逐步回归方程解释了总变异的 76.5%，解释能力强。

表 4－31　　文化创意企业创新的逐步回归模型总体参数

模型	R	R^2	调整 R^2	估计误差	F	Sig.
1	.811[a]	.659	.658	.50396	1037.438	.000[a]
2	.847[b]	.718	.717	.45852	683.047	.000[b]
3	.868[c]	.753	.752	.42943	544.579	.000[c]
4	.872[d]	.760	.759	.42335	424.365	.000[d]
5	.875[e]	.765	.763	.41927	348.417	.000[e]
6	.876[f]	.768	.765	.41772	293.341	.000[f]

由表 4－32 可知，经过 6 步逐步回归获取了文化创意企业创新的回归模型。知识获取能力、企业外部供应链整合、企业创新氛围、信任、企业内部供应链整合和知识整合能力 t 检验的 Sig. 值均小于 0.05，依次进入回归模型。自变量进入逐步回归模型的顺序代表其对因变量贡献度的大小。因此，知识获取能力对文化创意企业创新的贡献最大，影响最大；知识整合能力对文化创意企业创新的贡献最小，影响较弱。外部支持环境、承诺和人际关系在进入回归方程时，F 检验不显著，从而被剔除。各变量 VIF 值都低于 10，说明各影响因素之间无多重共线关系。因此，基于全部样本的逐步回归分析结果验证了假设 H1、H3、H4、H5、H8、H9，而 H2、H6、H7 未被证实。

表 4－32　　文化创意企业创新的回归系数检验

模型		非标准化系数		标准系数	T	Sig.	共线性统计量	
		B	标准误差	试用版			容差	VIF
1	（常量）	.532	.104		5.097	.000		
	KQ	.861	.027	.811	32.209	.000	1.000	1.000
2	（常量）	.112	.103		1.090	.276		
	KQ	.553	.038	.521	14.592	.000	.412	2.424
	EI	.407	.038	.379	10.625	.000	.412	2.424
3	（常量）	－.501	.119		－4.199	.000		
	KQ	.386	.040	.364	9.577	.000	.320	3.128
	EI	.345	.036	.415	9.030	.000	.406	2.461
	IC	.330	.038	.229	8.732	.000	.670	1.493

续表

模型		非标准化系数		标准系数	T	Sig.	共线性统计量	
		B	标准误差	试用版			容差	VIF
4	（常量）	-.686	.126		-5.441	.000		
	KQ	.360	.040	.339	8.947	.000	.312	3.208
	EI	.343	.044	.320	7.872	.000	.271	3.689
	IC	.300	.038	.208	7.704	.000	.644	1.552
	TR	.217	.053	.152	4.061	.000	.320	3.128
5	（常量）	-.668	.125		-5.345	.000		
	KQ	.316	.042	.298	7.534	.000	.282	3.552
	EI	.274	.048	.256	6.744	.000	.222	4.511
	IC	.263	.038	.191	5.182	.000	.621	1.610
	TR	.231	.053	.162	4.362	.000	.318	3.148
	II	.121	.036	.123	3.384	.001	.332	3.017
6	（常量）	-.649	.125		-5.200	.000		
	KQ	.298	.042	.281	7.026	.000	.272	3.675
	EI	.248	.049	.232	5.073	.000	.209	4.779
	IC	.225	.038	.191	4.196	.000	.621	1.610
	TR	.181	.057	.127	3.141	.001	.268	3.730
	II	.117	.036	.119	2.684	.002	.331	3.024
	KI	.090	.040	.087	2.231	.026	.287	3.484

由常数项的 t 检验结果可知，Sig. 值为 0.000，小于 0.05，表明常数项应纳入文化创意企业创新的回归方程。因此，文化创意企业创新的回归方程可写为：

$$FI = 0.225IC + 0.298KQ + 0.090KI + 0.181TR + 0.117II + 0.248EI - 0.649$$

上式中，FI、IC、KQ、KI、TR、II、EI 依次代表文化创意企业创新、企业创新氛围、知识获取能力、知识整合能力、信任、企业内部供应链整合、企业外部供应链整合。

（2）知识获取能力的影响因素检验

基于全部样本的知识获取能力的逐步回归分析结果如图 4-33、图 4-34 所示。由表 4-33 可知，5 步逐步回归得到的所有模型的显著性 Sig. 值均小于 0.05，说明所有模型的总体回归都显著。第 5 步的调整判断系数 R^2 等于 0.764，说明逐步回归方程解释了总变异的 76.4%，解释能力强。

由表 4 - 34 可知，经过 5 步逐步回归获取了知识获取能力的回归模型，人际关系、承诺、企业创新氛围、企业内部供应链整合和企业外部供应链整合 t 检验的 Sig. 值均小于 0.05，依次进入到回归模型。人际关系对知识获取能力的贡献最大，影响最大，企业外部供应链整合对知识获取能力的贡献最小，影响较弱。外部支持环境和信任在进入回归模型时，F 检验不显著，从而被剔除。各变量 VIF 值均低于 10，说明各影响因素之间无多重共线关系。总之，基于全部样本的知识获取能力的逐步回归分析结果验证了假设 H10、H16、H18、H20、H22，而 H12、H14 未被证实。

由常数项的 t 检验结果可知，Sig. 值为 0.021，小于 0.05，表明常数项应纳入文化创意企业知识获取能力的回归方程。因此，知识获取能力的回归方程可写为：

$$KQ = 0.281IC + 0.285CM + 0.290IR + 0.116II + 0.096EI - 0.258$$

上式中，KQ、IC、CM、IR、II、EI 依次代表知识获取能力、企业创新氛围、承诺、人际关系、企业内部供应链整合、企业外部供应链整合。

表 4 - 33　　知识获取能力的逐步回归模型总体参数

模型	R	R^2	调整 R^2	估计误差	F	Sig.
1	.816[a]	.667	.666	.46936	1075.323	.000[a]
2	.847[b]	.717	.716	.43295	679.537	.000[b]
3	.868[c]	.754	.753	.40379	547.941	.000[c]
4	.873[d]	.762	.761	.39729	429.185	.000[d]
5	.876[e]	.767	.764	.39407	350.934	.000[e]

表 4 - 34　　知识获取能力的回归系数检验

模型		非标准化系数		标准系数	T	Sig.	共线性统计量	
		B	标准误差	试用版			容差	VIF
1	（常量）	.771	.095		8.103	.000		
	IR	.818	.025	.816	32.792	.000	1.000	1.000
2	（常量）	.369	.097		3.801	.000		
	IR	.468	.043	.467	11.000	.000	.292	3.424
	CM	.458	.047	.415	9.762	.000	.292	3.424
3	（常量）	-.213	.111		-1.915	.056		
	IR	.390	.041	.390	9.609	.000	.279	3.585
	CM	.326	.044	.276	9.316	.000	.290	3.445
	IC	.298	.033	.219	9.020	.000	.779	1.283

续表

模型		非标准化系数		标准系数	T	Sig.	共线性统计量	
		B	标准误差	试用版			容差	VIF
4	（常量）	-.180	.110		-1.641	.101		
	IR	.334	.042	.333	7.929	.000	.252	3.972
	CM	.327	.046	.313	7.747	.000	.255	3.923
	IC	.268	.033	.197	7.256	.000	.745	1.343
	II	.145	.033	.156	4.322	.000	.341	2.932
5	（常量）	-.258	.111		-2.310	.021		
	IR	.290	.044	.290	6.597	.000	.227	4.413
	CM	.285	.050	.267	5.916	.000	.214	4.664
	IC	.281	.033	.206	5.452	.000	.733	1.365
	II	.116	.034	.125	3.372	.001	.317	3.154
	EI	.096	.043	.104	3.126	.002	.237	4.224

（3）知识整合能力的影响因素检验

基于全部样本的知识整合能力的逐步回归分析结果如图4-35、图4-36所示。由表4-35可知，5步逐步回归得到的各模型的显著性Sig.值均小于0.05，说明所有模型的总体回归都显著。第5步的调整判断系数 R^2 等于0.724，说明逐步回归方程解释了总变异的72.4%，解释能力强。

由表4-36可知，经过5步逐步回归获取了知识整合能力的回归模型，信任、承诺、企业外部供应链整合、人际关系和外部支持环境t检验的Sig.值均小于0.05依次进入到回归模型。信任对知识整合能力的贡献最大，影响最大；外部支持环境对知识获取能力的贡献最小，影响较弱。企业创新氛围和企业内部供应链整合在进入回归模型时，F检验不显著，从而被剔除。各变量VIF值均低于10，说明各影响因素之间无多重共线关系。总之，基于全部样本的知识整合能力的逐步回归分析结果验证了假设H13、H15、H17、H19、H23，而H11、H21未被证实。

由常数项的t检验结果可知，Sig.值为0.205，大于0.05，表明常数项不应纳入文化创意企业知识整合能力的回归方程。因此，知识整合能力的回归方程可写为：

$$KI = 0.088ES + 0.465TR + 0.221CM + 0.147IR + 0.187EI$$

上式中，KI、ES、TR、CM、IR、EI分别表示知识整合能力、外部支持环境、信任、承诺、人际关系、企业外部供应链整合。

表 4-35 知识整合能力的逐步回归模型总体参数

模型	R	R^2	调整 R^2	估计误差	F	Sig.
1	.797[a]	.635	.634	.50444	936.651	.000[a]
2	.837[b]	.701	.700	.45724	628.901	.000[b]
3	.846[c]	.717	.715	.44545	451.687	.000[c]
4	.850[d]	.723	.721	.44066	349.361	.000[d]
5	.853[e]	.727	.724	.43813	284.158	.000[e]

表 4-36 知识整合能力的回归系数检验

模型		非标准化系数		标准系数	T	Sig.	共线性统计量	
		B	标准误差	试用版			容差	VIF
1	（常量）	-.106	.132		-.803	.422		
	TR	1.100	.036	.797	30.605	.000	1.000	1.000
2	（常量）	-.208	.120		-1.726	.085		
	TR	.635	.054	.460	11.792	.000	.366	2.731
	CM	.480	.044	.423	10.854	.000	.366	2.731
3	（常量）	-.193	.117		-1.648	.100		
	TR	.508	.057	.368	8.844	.000	.306	3.270
	CM	.326	.052	.287	6.321	.000	.256	3.905
	EI	.260	.048	.250	5.459	.000	.251	3.982
4	（常量）	-.148	.117		-1.268	.205		
	TR	.451	.059	.326	7.641	.000	.283	3.528
	CM	.245	.056	.216	4.397	.000	.214	4.672
	EI	.213	.049	.205	4.337	.000	.232	4.301
	IR	.174	.049	.169	3.568	.000	.230	4.343
5	（常量）	-.216	.119		-1.820	.069		
	TR	.465	.059	.337	7.902	.000	.281	3.560
	CM	.221	.056	.195	3.946	.000	.209	4.790
	EI	.187	.050	.180	3.777	.000	.224	4.461
	IR	.147	.050	.143	2.975	.003	.221	4.526
	ES	.088	.033	.084	2.681	.008	.521	1.918

（4）企业内部供应链整合的影响因素检验

基于全部样本的内部供应链整合的逐步回归分析结果如图 4-37、图 4-38 所示。由表 4-37 可知，2 步逐步回归得到的各模型的显著性 Sig.

值均小于0.05，说明所有模型的总体回归都显著。第2步的调整判断系数R^2等于0.642，说明逐步回归方程解释了总变异的64.2%，解释能力强。

由表4-38可知，经过2步逐步回归获取了企业内部供应链整合的回归模型，承诺和人际关系t检验的Sig.值均为0.00，依次进入到回归模型。与承诺相比，人际关系对企业内部供应链整合贡献较小，影响较弱。信任在进入回归模型时，F检验不显著，从而被剔除。各变量VIF值均低于10，说明各影响因素之间无多重共线关系。因此，基于全部样本的内部供应链整合的逐步回归分析结果验证了假设H25、H26，而假设H24未被证实。

由常数项的t检验结果可知，Sig.值为0.127，大于0.05，表明常数项不应纳入文化创意企业内部供应链整合的回归方程。因此，企业内部供应链整合的回归方程可表示为：

$$II = 0.502CM + 0.447IR$$

上式中，II、CM、IR分别表示企业内部供应链整合、承诺、人际关系。

表4-37　企业内部供应链整合的逐步回归模型总体参数

模型	R	R^2	调整R^2	估计误差	F	Sig.
1	.770[a]	.593	.592	.55869	784.406	.000[a]
2	.802[b]	.643	.642	.52371	483.989	.000[b]

表4-38　企业内部供应链整合的回归系数检验

模型		非标准化系数		标准系数	T	Sig.	共线性统计量	
		B	标准误差	试用版			容差	VIF
1	（常量）	.302	.124		2.428	.016		
	CM	.916	.033	.770	28.007	.000	1.000	1.000
2	（常量）	.179	.117		1.527	.127		
	CM	.502	.057	.422	8.848	.000	.292	3.424
	IR	.447	.051	.414	8.676	.000	.292	3.424

（5）企业外部供应链整合的影响因素检验

基于全部样本的外部供应链整合的逐步回归分析结果如图4-39、图4-40所示。由表4-39可知，3步逐步回归得到的各模型的显著性Sig.值均小于0.05，说明所有模型的总体回归都显著。第6步的调整判断系

数 R^2 等于0.766，说明逐步回归的回归方程解释了总变异的76.6%，解释能力强。

由表4-40可知，经过3步逐步回归获取了企业外部供应链整合的回归模型，承诺、信任和人际关系t检验的Sig. 值均为0.00，依次进入到回归模型。承诺对企业外部供应链整合贡献最大，影响最大；人际关系对企业外部供应链整合贡献最小，影响较弱。各变量VIF值均低于10，说明各影响因素之间无多重共线关系。基于全部样本的外部供应链整合的逐步回归分析结果验证了假设H27、H28、H29。

对常数项的t检验结果可知，Sig. 值为0.849，大于0.05，表明常数项不应纳入文化创意企业外部供应链整合的回归方程。因此，企业外部供应链整合的回归方程可表示为：

$$EI = 0.364TR + 0.423CM + 0.271IR$$

上式中，EI、TR、CM、IR分别表示企业外部供应链整合、信任、承诺、人际关系。

表4-39　企业外部供应链整合的逐步回归模型总体参数

模型	R	R^2	调整 R^2	估计误差	F	Sig.
1	.836[a]	.699	.699	.44088	1250.798	.000[a]
2	.865[b]	.749	.748	.40326	800.583	.000[b]
3	.876[c]	.768	.766	.38834	589.862	.000[c]

表4-40　企业外部供应链整合的回归系数检验

模型		非标准化系数		标准系数	T	Sig.	共线性统计量	
		B	标准误差	试用版			容差	VIF
1	（常量）	.527	.098		5.378	.000		
	CM	.913	.026	.836	35.367	.000	1.000	1.000
2	（常量）	-.055	.106		-.520	.603		
	CM	.593	.039	.543	15.200	.000	.366	2.731
	TR	.489	.047	.368	10.299	.000	.366	2.731
3	（常量）	.020	.103		.190	.849		
	CM	.423	.046	.388	9.279	.000	.248	4.025
	TR	.364	.050	.274	7.344	.000	.312	3.206
	IR	.271	.041	.274	6.561	.000	.249	4.020

4.4.2 分组假设检验

由前述差异性分析结果可知，文化创意企业创新依企业规模和主营业务类型具有显著差异。知识获取能力与知识整合能力依企业成立年限和主营业务类型具有显著差异。内部供应链整合与外部供应链整合依企业成立年限、规模和主营业务类型具有显著差异。为了更加全面地探究这些变量的影响因素，本小节将运用逐步回归分析方法，依据差异性分析结果进行分组检验。成立年限为3年以下、3~5年、6~10年的样本企业占总样本的87.8%，因此依企业成立年限分组检验时，选择成立3年以下、3~5年、6~10年的样本企业。同理，企业规模分组选择50人及以下、51~100人和101~300人的样本企业；企业业务类型分组选择创意设计类和媒体类的样本企业。

（1）文化创意企业创新的分组假设检验

1）依企业规模的分组假设检验。依企业规模分组的文化创意企业创新的逐步回归分析结果如表4-41所示。由该表可知，对于50人及以下的样本文化创意企业，创新同时受知识获取能力、知识整合能力和企业外部供应链整合的影响，且知识获取能力的影响最大，外部供应链整合的影响最小。对于51~100人的样本文化创意企业，创新同时受企业创新范围、外部支持环境、信任、承诺和企业外部供应链整合的影响，且信任的影响最大，外部支持环境的影响最小。对于101~300人的样本文化创意企业，创新同时受企业创新范围、知识获取能力、信任和承诺的影响，且知识获取能力的影响最大，企业创新氛围的影响最小。

表4-41　文化创意企业创新的分组检验——依企业规模

因变量	自变量	50人及以下		51~100人		101~300人	
		系数	Sig.	系数	Sig.	系数	Sig.
文化创意企业创新	企业创新氛围	不支持	—	.526	.000	.164	.004
	外部支持环境	不支持	—	.139	.020	不支持	—
	知识获取能力	.405	.000	不支持	—	.595	.000
	知识整合能力	.312	.000	不支持	—	不支持	—
	信任	不支持	—	.654	.000	.369	.000
	承诺	不支持	—	不支持	—	.192	.000
	人际关系	不支持	—	不支持	—	不支持	—
	内部供应链整合	.393	.000	不支持	—	不支持	—
	外部供应链整合	.253	.003	.606	.000	不支持	—

2）依主营业务类型的分组假设检验。依主营业务类型分组的文化创意企业创新的逐步回归分析结果如表 4－42 所示。由该表可知，对于创意设计类的样本文化创意企业，创新同时受企业创新氛围、知识获取能力、知识整合能力和企业内部供应链整合的影响，且企业创新氛围的影响最大，内部供应链整合的影响最小。对于媒体类的样本文化创意企业，创新同时受企业创新氛围、人际关系、企业内部供应链整合和外部供应链整合的影响，且外部供应链整合的影响最大，而人际关系的影响最小。

表 4－42 文化创意企业创新的分组检验——依企业主营业务类型

因变量	自变量	创意设计		媒体	
		系数	Sig.	系数	Sig.
文化创意企业创新	企业创新氛围	.390	.000	.315	.000
	外部支持环境	不支持	—	不支持	—
	知识获取能力	.334	.000	不支持	—
	知识整合能力	.172	.000	不支持	—
	信任	.232	.000	不支持	—
	承诺	不支持	—	不支持	—
	人际关系	不支持	—	.183	.012
	内部供应链整合	.137	.022	.225	.000
	外部供应链整合	不支持	—	.523	.000

（2）知识获取能力的分组假设检验

1）依企业成立年限的分组假设检验。依企业成立年限分组的知识获取能力的逐步回归分析结果如表 4－43 所示。由该表可知，对于成立 3 年以下的样本文化创意企业，知识获取能力受信任和人际关系的影响，且人际关系的影响相对更大。对于成立 3～5 年的样本企业，知识获取能力同时受企业创新氛围、内部供应链整合和外部供应链整合的影响，且企业创新氛围的影响最大，外部供应链整合的影响次之，内部供应链整合的影响最小。对于成立 6～10 年的样本企业，知识获取能力受承诺、企业内部供应链整合和外部供应链整合的影响，且承诺的影响最大，企业内部供应链整合的影响次之，企业外部供应链整合的影响最小。

表 4－43　　知识获取能力的分组检验——依企业成立年限

自变量	自变量	3 年以下		3～5 年		6～10 年	
		系数	Sig.	系数	Sig.	系数	Sig.
知识获取能力	企业创新氛围	不支持	—	.636	.000	不支持	—
	外部支持环境	不支持	—	不支持	—	不支持	—
	信任	.341	.017	不支持	—	不支持	—
	承诺	不支持	—	不支持	—	.633	.000
	人际关系	.696	.000	不支持	—	不支持	—
	内部供应链整合	不支持	—	.138	.007	.264	.000
	外部供应链整合	不支持	—	.477	.000	.140	.031

2）依企业主营业务类型的分组假设检验。依企业主营业务类型分组的知识获取能力的逐步回归分析结果如表 4－44 所示。由该表可知，对于创意设计类的样本文化创意企业，知识获取能力同时受企业创新氛围、承诺和企业外部供应链整合的影响，且企业创新氛围的影响最大，承诺的影响最小。对于媒体类的样本企业，知识获取能力同时受外部支持环境、人际关系和企业内部供应链整合的影响，且人际关系的影响最大，而外部支持环境的影响最小。

表 4－44　　知识获取能力的分组检验——依企业主营业务类型

因变量	自变量	创意设计		媒体	
		系数	Sig.	系数	Sig.
知识获取能力	企业创新氛围	.648	.000	不支持	—
	外部支持环境	不支持	—	.125	.017
	信任	不支持	—	不支持	—
	承诺	.232	.020	不支持	—
	人际关系	不支持	—	.737	.000
	内部供应链整合	不支持	—	.466	.000
	外部供应链整合	.348	.000	不支持	—

（3）知识整合能力的分组假设检验

1）依企业成立年限的分组假设检验。依企业成立年限分组的知识整合能力的逐步回归分析结果如表 4－45 所示。由该表可知，对于成立 3 年以下的样本文化创意企业，知识整合能力受信任和承诺的影响，且承诺的影响相对更大。对于成立 3～5 年的样本企业，知识整合能力同时受信任、人际关系和外部供应链整合的影响，且信任的影响最大，人际关系的影响最小。对于成立6～10 年的样本企业，知识整合能力受企业创新氛围、外部支持环境、承诺和人际关系的影响，且人际关系的影响最大，企业创新氛围的影响最小。

表 4－45　　知识整合能力的分组检验——依企业成立年限

因变量	自变量	3 年以下		3～5 年		6～10 年	
		系数	Sig.	系数	Sig.	系数	Sig.
知识整合能力	企业创新氛围	不支持	—	不支持	—	.188	.016
	外部支持环境	不支持	—	不支持	—	.208	.004
	信任	.510	.000	.489	.000	不支持	—
	承诺	.579	.000	不支持	—	.295	.021
	人际关系	不支持	—	.269	.000	.326	.003
	内部供应链整合	不支持	—	不支持	—	不支持	—
	外部供应链整合	不支持	—	.398	.000	不支持	—

2）依企业主营业务类型的分组假设检验。依企业主营业务类型分组的知识整合能力的逐步回归分析结果如表 4－46 所示。由该表可知，对于创意设计类的样本文化创意企业，知识整合能力同时受到外部支持环境、信任和人际关系的影响，且外部支持环境的影响最大，人际关系的影响最小。对于媒体类的样本企业，知识整合能力同时受企业创新氛围、信任、承诺和企业外部供应链整合的影响，且信任的影响最大，而企业创新氛围的影响最小。

表 4－46　　知识整合能力的分组检验——依企业主营业务类型

因变量	自变量	创意设计		媒体	
		系数	Sig.	系数	Sig.
知识整合能力	企业创新氛围	不支持	—	.110	.000
	外部支持环境	.558	.000	不支持	—
	信任	.419	.000	.558	.000
	承诺	不支持	—	.401	.000
	人际关系	.342	.000	不支持	—
	内部供应链整合	不支持	—	不支持	—
	外部供应链整合	不支持	—	.236	.000

（4）企业内部供应链整合的分组假设检验

1）依企业成立年限的分组假设检验。依企业成立年限分组的企业内部供应链整合的逐步回归分析结果如表 4－47 所示。由该表可知，对于成立 3 年以下的样本文化创意企业，内部供应链整合只受人际关系的影响。对于成立 3～5 年的样本企业，内部供应链整合同时受承诺和人际关系的影响，且相对于承诺，人际关系的影响更大。对于成立 6～10 年的样本企业，内部供应链整合仅受承诺的影响。因此可以推断，随着企业成立年限的增加，承诺对文化创意企业内部供应链整合的影响会增大，而人际关系的影响会逐步减弱。

表 4－47　企业内部供应链整合的分组检验——依企业成立年限

因变量	自变量	3 年以下		3～5 年		6～10 年	
		系数	Sig.	系数	Sig.	系数	Sig.
企业内部供应链整合	信任	不支持	—	不支持	—	不支持	—
	承诺	不支持	—	.497	.000	.917	.000
	人际关系	.739	.000	.549	.000	不支持	—

2）依企业规模的分组假设检验。依企业规模分组的企业内部供应链整合的逐步回归分析结果如表 4－48 所示。由该表可知，对于 50 人及以下的样本文化创意企业，内部供应链整合仅受人际关系的影响。对于 51～100 的样本企业，内部供应链整合同时受信任、承诺和人际关系的影响，且承诺的影响较大，信任的影响次之，人际关系的影响较小。对于 101～300 人的样本企业，内部供应链整合同时受承诺与人际关系的影响，且承诺的影响相对更大。由以上分析可知，根据企业规模分组，样本企业的内部供应链整合均受人际关系的影响，但随着企业规模的增大，人际关系的影响会逐渐减弱，承诺的影响会逐渐增强。

表 4－48　企业内部供应链整合的分组检验——依企业规模

因变量	自变量	50 人及以下		51～100 人		101～300 人	
		系数	Sig.	系数	Sig.	系数	Sig.
企业内部供应链整合	信任	不支持	—	.361	.009	不支持	—
	承诺	不支持	—	.696	.000	.788	.000
	人际关系	.687	.000	.258	.044	.236	.036

3）依企业主营业务类型的分组假设检验。依企业主营业务类型分组的企业内部供应链整合的逐步回归分析结果如表 4－49 所示。由该表可知，对于创意设计类的样本文化创意企业，内部供应链整合同时受到承诺

和人际关系的影响，且承诺的影响更大。对于媒体类的样本企业，内部供应链整合也同时受信任和承诺的影响，且承诺的影响相对更大。由此可知，承诺对创意设计类和媒体类文化创意企业的影响相对更大。

表 4－49　企业内部供应链整合的分组检验——依企业主营业务类型

因变量	自变量	创意设计		媒体	
		系数	Sig.	系数	Sig.
企业内部供应链整合	信任	不支持	—	.369	.001
	承诺	.485	.001	.670	.000
	人际关系	.465	.000	不支持	—

（5）企业外部供应链整合的分组假设检验

1）依企业成立年限的分组假设检验。依企业成立年限分组的企业外部供应链整合的逐步回归分析结果如表 4－50 所示。由该表可知，对于成立 3 年以下的样本文化创意企业，外部供应链整合受到信任和承诺的影响，且承诺的影响相对更大。对于成立 3～5 年的样本企业，外部供应链整合同时受信任、承诺和人际关系的影响，且信任的影响最大，承诺的影响次之，人际关系的影响最小。对于成立 6～10 年的样本企业，外部供应链整合受承诺和人际关系的影响，且承诺的影响相对更大。总之，随着企业成立年限的增加，承诺对文化创意企业外部供应链整合的影响也增加。

表 4－50　企业外部供应链整合的分组检验——依企业成立年限

因变量	自变量	3 年以下		3－5 年		6－10 年	
		系数	Sig.	系数	Sig.	系数	Sig.
企业外部供应链整合	信任	.224	.015	.523	.000	不支持	—
	承诺	.398	.000	.370	.000	.612	.000
	人际关系	不支持	—	.264	.000	.346	.000

2）按企业规模的分组假设检验。依企业规模分组的企业外部供应链整合的逐步回归分析结果如表 4－51 所示。由该表可知，对于 50 人及以下的样本文化创意企业，外部供应链整合同时受承诺和人际关系的影响，且承诺的影响相对较大。对于 51～100 的文化创意企业，外部供应链整合同时受信任和人际关系的影响，且信任的影响较大。对于 101～300 人的样本企业，外部供应链整合同时受信任、承诺与人际关系的影响，且人际关系的影响最大，承诺的影响次之，信任的影响最小。因此，依企业规模

分组，文化创意企业的外部供应链整合均受人际关系的影响，且随着企业规模的增大，人际关系的影响会逐渐增强。

表 4－51　企业外部供应链整合的分组检验——依企业规模

因变量	自变量	50 人及以下		51～100 人		101～300 人	
		系数	Sig.	系数	Sig.	系数	Sig.
企业外部供应链整合	信任	不支持	—	.792	.000	.220	.023
	承诺	.703	.000	不支持	—	.363	.000
	人际关系	.302	.000	.400	.000	.477	.000

3）按企业主营业务类型的分组假设检验。依企业主营业务类型分组的企业外部供应链整合的逐步回归分析结果如表 4－52 所示。由该表可知，对于创意设计类的样本文化创意企业，外部供应链整合同时受承诺和人际关系的影响，且承诺的影响更大。对于媒体类的文化创意企业，外部供应链整合也同时受信任和承诺的影响，且人际关系的影响相对更大。

表 4－52 企业外部供应链整合的分组检验——依企业主营业务类型

因变量	自变量	创意设计		媒体	
		系数	Sig.	系数	Sig.
企业外部供应链整合	信任	不支持	—	.878	.000
	承诺	.664	.000	.391	.000
	人际关系	.337	.000	不支持	—

4.5 数据分析结果与讨论

4.5.1　有关文化创意企业创新的结果与讨论

（1）相关性与基于全部样本的回归分析结果比较

由表 4－53 可知，企业创新氛围、外部支持环境、知识获取能力、知识整合能力、信任、承诺、人际关系、企业内部供应链整合和外部供应链整合都与文化创意企业创新具有显著相关关系。与两两相关系数结果不同的是，逐步回归分析从全局角度分析全部自变量对因变量的影响。在对文化创意企业创新的逐步回归分析过程中，由于外部支持环境、承诺和人际关系的影响程度相对较小，在进入回归模型时 F 检验不显著，从而被剔除。知识获取能力、企业外部供应链整合、企业创新氛围、信任、企业内部供应链整合和知识整合能力依次进入逐步回归模型，对文化创意企业创新具有正影响作用，且知识获取能力的影响最大，知识整合能力的影响最小。

表 4－53　　文化创意企业创新的影响因素及其相关关系

因变量 \ 自变量		企业创新氛围	外部支持环境	知识获取能力	知识整合能力	信任	承诺	人际关系	企业内部供应链整合	企业外部供应链整合
文化创意企业创新	相关	+	+	+	+	+	+	+	+	+
	回归	√	×	√	√	√	×	×	√	√

（2）分组与基于全部样本的假设检验分析结果比较

1）依企业规模分组与全部样本的假设检验分析结果比较。如表 4－54 所示，50 人及以下和 101～300 人两类样本文化创意企业与全部样本企业的假设检验结果一致，知识获取能力对这两类文化创意企业的创新影响最大。51～100 人规模样本与全部样本企业的检验结果不一致，信任对该类规模企业的影响最大。这些结果表明，为提升这三类企业的创新，要区别对待。前两类企业需要加强知识获取能力，第三类企业需要充分提高企业各部门员工及供应链成员之间的信任。

表 4－54　　文化创意企业创新的假设验证结果比较——依企业规模分组与全部样本

因变量	自变量	全部样本		50 人及以下		51～100 人		101～300 人	
		系数	Sig.	系数	Sig.	系数	Sig.	系数	Sig.
文化创意企业创新	企业创新氛围	.225	.000	不支持	—	.526	.000	.164	.004
	外部支持环境	不支持	—	不支持	—	.139	.020	不支持	—
	知识获取能力	.298	.000	.405	.000	不支持	—	.595	.000
	知识整合能力	.090	.026	.312	.000	不支持	—	不支持	—
	信任	.181	.001	不支持	—	.654	.000	.369	.000
	承诺	不支持	—	不支持	—	不支持	—	.192	.000
	人际关系	不支持	—	不支持	—	不支持	—	不支持	—
	内部供应链整合	.117	.002	.393	.000	不支持	—	不支持	—
	外部供应链整合	.248	.000	.253	.003	.606	.000	不支持	—

2）依企业主营业务类型分组与全部样本的假设检验分析结果比较。如表 4 – 55 所示，媒体类样本企业与全部样本的假设检验结果基本一致，均受企业外部供应链整合影响最大。创意设计类样本企业与全部样本的假设检验结果不一致，企业创新氛围对创意设计类企业创新影响最大，这说明要提高创意设计类企业创新，需要提高企业创新氛围。

表 4 – 55　　文化创意企业创新的假设检验结果比较——依企业业务类型与全部样本

因变量	自变量	全部样本		创意设计		媒体	
		系数	Sig.	系数	Sig.	系数	Sig.
文化创意企业创新	企业创新氛围	.225	.000	.390	.000	.315	.000
	外部支持环境	不支持	—	不支持	—	不支持	—
	知识获取能力	.298	.000	.334	.000	不支持	—
	知识整合能力	.090	.026	.172	.000	不支持	—
	信任	.181	.001	.232	.000	不支持	—
	承诺	不支持	—	不支持	—	不支持	—
	人际关系	不支持	—	不支持	—	.183	.012
	内部供应链整合	.117	.002	.137	.022	.225	.000
	外部供应链整合	.248	.000	不支持	—	.523	.000

（3）讨论

全部样本文化创意企业的创新受知识获取能力的影响最大，这可能是因为知识是实现创新的源泉，知识获取能力能够促使文化创意企业快速而有效地获取有利于创新的知识，提高企业的创新能力。由差异性分析结果可知，企业成立年限以及企业业务类型均能影响企业外部供应链整合，因此，对于不同的企业，要提升文化创意企业创新，需视具体情况分析。

4.5.2　有关知识获取能力的结果与讨论

（1）相关性与基于全部样本的回归分析结果比较

由表 4 – 56 可知，两两相关性分析结果表明，企业创新氛围、外部支持环境、信任、承诺、人际关系、企业内部供应链整合、企业外部供应链整合都与知识获取能力具有显著相关关系。基于全部样本的逐步回归分析结果表明，由于外部支持环境和信任因素的影响程度相对较小，在进入回归方程时 F 检验不显著，从而被剔除，人际关系、承诺、企业创新氛围、企业内部供应链整合和外部供应链整合依次进入逐步回归模型，对知识获取能力具有正影响作用，且人际关系的影响最大，企业外部供应链整合的影响最小。

表 4－56　　知识获取能力的影响因素及其相关关系

因变量 \ 自变量		企业创新氛围	外部支持环境	信任	承诺	人际关系	内部供应链整合	外部供应链整合
知识获取能力	相关	+	+	+	+	+	+	+
	回归	√	×	×	√	√	√	√

（2）分组与基于全部样本的假设检验分析结果比较

1）依成立年限分组与全部样本的假设检验分析结果比较。如表 4－57 所示，3 年以下样本企业的知识获取能力受人际关系影响最大，与基于全部样本的结果一致，而 3～5 年样本企业的知识获取能力受企业创新氛围最大，6～10 的样本企业受承诺影响最大。这些结果表明要提高文化创意企业知识获取能力，对于 3～5 年的企业着重要提高企业创新氛围，而 6～10 年的企业着重要提高企业各部门及供应链成员之间的承诺度。

表 4－57　　文化创意企业知识获取能力的假设检验结果比较——依企业成立年限与全部样本

因变量	自变量	全部样本		3 年以下		3～5 年		6～10 年	
		系数	Sig.	系数	Sig.	系数	Sig.	系数	Sig.
知识获取能力	企业创新氛围	.281	.000	不支持	—	.636	.000	不支持	—
	外部支持环境	不支持	—	不支持	—	不支持	—	不支持	—
	信任	不支持	—	.341	.017	不支持	—	不支持	—
	承诺	.285	.000	不支持	—	不支持	—	.633	.000
	人际关系	.290	.000	.696	.000	不支持	—	不支持	—
	内部供应链整合	.116	.001	不支持	—	.138	.007	.264	.000
	外部供应链整合	.096	.002	不支持	—	.477	.000	.140	.031

2）依主营业务类型分组与全部样本的假设检验结果比较。如表 4－58 所示，创意设计类和媒体类样本企业与全部样本的假设检验结果不一致，其中创意设计类企业知识获取能力受企业创新氛围影响最大，媒体类企业受人际关系影响最大。这些结果表明，要提高知识获取能力，创意设计类企业着重需要提高企业创新氛围，而媒体类企业着重需要提高企业各部门及供应链成员之间的人际关系。

表 4－58　　文化创意企业知识获取能力的假设检验结果比较——依主营业务类型与全部样本

因变量	自变量	全部样本		创意设计		媒体	
		系数	Sig.	系数	Sig.	系数	Sig.
知识获取能力	企业创新氛围	.281	.000	.648	.000	不支持	—
	外部支持环境	不支持	—	不支持	—	.125	.017
	信任	不支持	—	不支持	—	不支持	—
	承诺	.205	.000	.232	.020	不支持	—
	人际关系	.290	.000	不支持	—	.737	.000
	内部供应链整合	.116	.001	不支持	—	.466	.000
	外部供应链整合	.096	.002	.348	.000	不支持	—

（3）讨论

全部样本文化创意企业的知识获取能力受人际关系的影响最大，这可能是因为文化创意企业创新所用知识绝大部分是隐性知识，隐性知识的传播主要靠直接交流以及现场临摹实现，因此知识获取能力主要靠人际互动实现，良好的人际关系能够保证企业内部以及供应链成员之间实现有效的知识传播，有效获取有利的知识。

由数据差异性结果可知，企业成立年限、企业规模以及企业业务类型均能影响企业外部供应链整合，因此，对于不同的企业，要提高文化创意企业的知识获取能力，需视具体情况分析。

4.5.3　有关知识整合能力的结果与讨论

（1）相关性与基于全部样本的回归分析结果比较

由表 4－59 可知，两两相关性分析结果表明，企业创新氛围、外部支持环境、信任、承诺、人际关系、企业内部供应链整合、企业外部供应链整合都与知识整合能力具有显著相关关系。基于全部样本的逐步回归分析结果表明，由于企业创新氛围和内部供应链整合的影响程度相对较小，在进入回归方程时 F 检验不显著，从而被剔除，信任、承诺、企业外部供应链整合、人际关系和外部支持环境依次进入逐步回归模型，对知识整合能力具有正影响作用，且信任的影响最大，外部支持环境的影响最小。

表 4－59　　知识整合能力的影响因素及其相关关系

因变量＼自变量		企业创新氛围	外部支持环境	信任	承诺	人际关系	内部供应链整合	外部供应链整合
知识整合能力	相关	+	+	+	+	+	+	+
	回归	×	√	√	√	√	×	√

（2）分组与基于全部样本的假设检验分析结果比较

1）依成立年限分组与基于全部样本的假设检验结果比较。如表 4－60 所示，3～5 年的样本企业知识整合能力与基于全部样本的假设检验结果一致，受信任影响最大。3 年以下和 6～10 的样本企业与基于全部样本的假设检验结果不一致，其中，3 年以下的样本企业受承诺影响最大，而 6～10 的样本企业受人际关系影响最大。这说明要提高知识整合能力，对于 3 年以下的企业着重需要提高企业各部门及供应链成员之间的承诺度，而对于 6～10 的企业着重需要提高企业各部门及供应链成员之间的人际关系。

表 4－60　　文化创意企业知识整合能力的假设检验结果比较——依企业成立年限与全部样本

因变量	自变量	全部样本		3 年以下		3～5 年		6～10 年	
		系数	Sig.	系数	Sig.	系数	Sig.	系数	Sig.
知识整合能力	企业创新氛围	不支持	—	不支持	—	不支持	—	.188	.016
	外部支持环境	.088	.008	不支持	—	不支持	—	.208	.004
	信任	.465	.000	.510	.000	.489	.000	不支持	—
	承诺	.221	.000	.579	.000	不支持	—	.295	.021
	人际关系	.147	.003	不支持	—	.269	.000	.326	.003
	内部供应链整合	不支持	—	不支持	—	不支持	—	不支持	—
	外部供应链整合	.187	.000	不支持	—	.398	.000	不支持	—

2）依主营业务类型分组与基于全部样本的假设检验结果比较。如表 4－61 所示，创意设计类样本企业与基于全部样本的假设检验结果不一致，其知识整合能力受外部支持环境的影响最大，而媒体类样本企业与全部样本的检验一致，其受信任影响程度最大。这些结果表明，要提高知识整合能力，对于创意设计类企业着重需要营造良好的外部支持环境，而媒体类企业着重需要提高企业各部门及供应链成员之间的信任度。

表 4-61　　文化创意企业知识整合能力的假设检验结果比较——依主营业务类型与全部样本

因变量	自变量	全部样本		创意设计		媒体	
		系数	Sig.	系数	Sig.	系数	Sig.
知识整合能力	企业创新氛围	不支持	—	不支持	—	.110	.000
	外部支持环境	.088	.008	.558	.000	不支持	—
	信任	.465	.000	.419	.000	.558	.000
	承诺	.221	.000	不支持	—	.401	.000
	人际关系	.147	.003	.342	.000	不支持	—
	内部供应链整合	不支持	—	不支持	—	不支持	—
	外部供应链整合	.187	.000	不支持	—	.236	.000

（3）讨论

对于全部样本，文化创意企业的知识整合能力受信任的影响最大，这可能是因为知识整合能力通常涉及不同领域知识和不同观点，信任能够增强创意人才对其他知识和观点的接受程度和容忍程度，从而能有效地实现知识整合。

由差异性分析结果可知，企业成立年限以及主营业务类型均能影响企业外部供应链整合。因此，对于不同的企业，要提高文化创意企业的知识整合能力，需视具体情况分析。

4.5.4　有关企业内部供应链整合的结果与讨论

（1）相关性与基于全部样本的回归分析结果比较

由表 4-62 可知，两两相关性分析结果表明，信任、承诺、人际关系都与企业内部供应链整合具有显著相关关系。基于全部样本的逐步回归分析结果表明，由于信任因素的影响程度相对较小，在进入回归方程时 F 检验不显著，从而被剔除，承诺和人际关系依次进入逐步回归模型，对企业内部供应链整合具有正影响作用，且承诺因素的影响较大。

表 4-62　　企业内部供应链整合的影响因素及其相关关系

因变量＼自变量		信任	承诺	人际关系
企业内部供应链整合	相关	+	+	+
	回归	×	√	√

（2）分组与基于全部样本的假设检验分析结果比较

1）依成立年限分组与基于全部样本的假设检验结果比较。如表4-63所示，成立6-10年的样本企业与基于全部样本的假设检验结果一致，内部供应链整合受承诺影响最大，而成立3年以下和3~5年的样本企业与基于全部样本的假设检验结果不一致，且这两类企业的内部供应链整合均受人际关系影响最大。这说明要提高内部供应链整合，对这两类企业着重需要提高企业各部门及供应链成员之间的人际关系。

表4-63　文化创意企业内部供应链整合的假设检验结果比较——依成立年限与全部样本

因变量	自变量	全部样本		3年以下		3~5年		6~10年	
		系数	Sig.	系数	Sig.	系数	Sig.	系数	Sig.
企业内部供应链整合	信任	不支持	—	不支持	—	不支持	—	不支持	—
	承诺	.502	.000	不支持	—	.497	.000	.917	.000
	人际关系	.447	.000	.739	.000	.549	.000	不支持	—

2）依企业规模分组与基于全部样本的假设检验结果比较。如表4-64所示，51~100人及101~300人规模的样本企业与基于全部样本的假设检验结果一致，内部供应链整合均受承诺的影响最大。50人以下的样本企业与基于全部样本的假设检验结果不一致，内部供应链整合受人际关系影响最大。说明要提高内部供应链整合，对于50人以下的企业，着重需要提高该类企业各部门及供应链成员之间的人际关系。

表4-64　文化创意企业内部供应链整合的假设检验结果比较——依企业规模与全部样本

因变量	自变量	全部样本		50人及以下		51~100人		101~300人	
		系数	Sig.	系数	Sig.	系数	Sig.	系数	Sig.
企业内部供应链整合	信任	不支持	—	不支持	—	.361	.009	不支持	—
	承诺	.502	.000	不支持	—	.696	.000	.788	.000
	人际关系	.447	.000	.687	.000	.258	.044	.236	.036

3）依主营业务类型分组与基于全部样本的假设检验结果比较。如表4-65所示，对于业务类型，创意设计类和媒体类样本企业与基于全部样本的假设检验结果一致，内部供应链整合均受承诺的影响最大。对于媒体类企业，与基于全部样本和创意设计类企业的假设检验结果不同，内部供

应链整合受人际关系影响的假设没有得到支持，而受信任影响的假设得到了支持。

表 4-65　文化创意企业内部供应链整合的假设检验结果比较——依主营业务类型与全部样本

因变量	自变量	全部样本		创意设计		媒体	
		系数	Sig.	系数	Sig.	系数	Sig.
企业内部供应链整合	信任	不支持	—	不支持	—	.369	.001
	承诺	.502	.000	.485	.001	.670	.000
	人际关系	.447	.000	.465	.000	不支持	—

（3）讨论

全部样本文化创意企业的内部供应链整合受承诺和人际关系的影响，且承诺的影响较大，这可能是因为大部分企业各部门之间的合作及配合受到企业规章制度的影响，这里的规章制度相当于承诺，而良好的人际关系能够促使各部门在企业规章制度下实现有效的合作与配合。

由差异性分析结果可知，企业成立年限、企业规模以及企业主营业务类型均能影响企业内部供应链整合。因此，对于不同的企业，要提高企业内部供应链整合，需视具体情况分析。

4.5.5　有关企业外部供应链整合的结果与讨论

（1）相关性与基于全部样本的回归分析结果比较

由表 4-66 可知，两两相关性分析结果表明，信任、承诺、人际关系与企业外部供应链整合具有显著相关关系。基于全部样本的逐步回归分析结果表明，承诺、信任和人际关系依次进入逐步回归模型，对企业外部供应链整合具有正影响作用，且承诺的影响较大，信任的影响次之，人际关系的影响最小。

表 4-66　企业外部供应链整合的影响因素及其相关关系

因变量＼自变量		信任	承诺	人际关系
企业外部供应链整合	相关	+	+	+
	回归	√	√	√

（2）分组与基于全部样本的假设检验分析结果比较

1）依成立年限分组与基于全部样本的假设检验结果比较。如表 4－67 所示，成立 3 年以下及 6～10 年的样本企业与基于全部样本的假设检验结果一致，外部供应链整合受承诺影响最大。成立 3～5 年的样本企业与基于全部样本的假设检验结果不一致，受信任影响最大，这说明要提高外部供应链整合，对于 3～5 年的企业，着重需要提高企业各部门及供应链成员之间的信任度。

表 4－67　文化创意企业外部供应链整合的假设检验结果比较——依成立年限与全部样本

因变量	自变量	全部样本		3 年以下		3－5 年		6－10 年	
		系数	Sig.	系数	Sig.	系数	Sig.	系数	Sig.
企业外部	信任	.364	.000	.224	.015	.523	.000	不支持	—
供应链	承诺	.423	.000	.398	.000	.370	.000	.612	.000
整合	人际关系	.271	.000	不支持	—	.264	.000	.346	.000

2）依企业规模分组与基于全部样本的假设检验结果比较。如表 4－68 所示，50 人及以下规模的样本企业与基于全部样本的假设检验结果一致，外部供应链整合受承诺的影响最大。51～100 人和 101～300 人规模的样本企业与基于全部样本的假设检验结果不一致。51～100 人规模样本企业的外部供应链整合受信任影响最大，而 101～300 人规模样本企业则受人际关系影响最大。说明要提高外部供应链整合，对于 51～100 人规模的企业着重需要提高企业各部门及供应链成员之间的信任度，而对于 101～300 人规模的企业着重需要提高企业各部门及供应链成员之间的人际关系。

表 4－68　文化创意企业外部供应链整合的假设检验结果比较——依企业规模与全部样本

因变量	自变量	全部样本		50 人及以下		51～100 人		101～300 人	
		系数	Sig.	系数	Sig.	系数	Sig.	系数	Sig.
企业外部	信任	.364	.000	不支持	—	.792	.000	.220	.023
供应链	承诺	.423	.000	.703	.000	不支持	—	.363	.000
整合	人际关系	.271	.000	.302	.000	.400	.000	.477	.000

3）依主营业务类型分组与基于全部样本的假设检验结果比较。如表4－69所示，创意设计类样本企业与基于全部样本的假设检验结果一致，外部供应链整合受承诺影响最大。媒体类样本企业与基于全部样本的假设检验结果不一致，外部供应链整合受信任影响最大。说明要提高外部供应链整合，媒体类企业着重需要提高企业各部门及供应链成员之间的信任度。

表4－69　文化创意企业外部供应链整合的假设检验结果比较——依主营业务类型与全部样本

因变量	自变量	全部样本		创意设计		媒体	
		系数	Sig.	系数	Sig.	系数	Sig.
企业外部供应链整合	信任	.364	.000	不支持	—	.878	.000
	承诺	.423	.000	.664	.000	.391	.000
	人际关系	.271	.000	.337	.000	不支持	—

（3）讨论

全部样本文化创意企业的外部供应链整合受承诺的影响最大。这可能的原因是，目前供应链成员之间的合作一般以契约形式进行，合理的契约能够保证供应链成员之间实现有效地合作，促使无缝合作的形成。

由差异性分析结果可知，企业成立年限、企业规模以及企业业务类型均影响企业外部供应链整合。因此，对于不同企业，提高企业外部供应链整合需视具体情况分析。

4.6 本章小结

本章利用问卷调查数据，首先进行了信效度分析，然后基于所获数据依不同企业特征进行了描述性分析和差异性分析，接着进行了各变量的相关性分析，之后基于全部样本运用逐步回归进行了假设检验，结果如表4－70所示。此外，本章还根据差异性分析结果，依据企业特征进行了分组假设检验；最后总结了数据分析结果，并根据结果进行了相应的讨论。

表 4－70　　　　　　基于全部样本的假设检验结果

研究假设	检验结果
H1：企业创新氛围对文化创意企业创新具有正的影响	证实
H2：外部支持环境对文化创意企业创新具有正的影响	未证实
H3：知识获取能力对文化创意企业创新有具正的影响	证实
H4：知识整合能力对文化创意企业创新有具正的影响	证实
H5：信任对文化创意企业创新有具正的影响	证实
H6：承诺对文化创意企业创新有具正的影响	未证实
H7：人际关系对文化创意企业创新有具正的影响	未证实
H8：企业内部供应链整合对文化创意企业创新有具正的影响	证实
H9：企业外部供应链整合对文化创意企业创新有具正的影响	证实
H10：企业创新氛围对知识获取能力具有正的影响	证实
H11：企业创新氛围对知识整合能力具有正的影响	未证实
H12：外部支持环境对知识获取能力具有正的影响	未证实
H13：外部支持环境对知识整合能力具有正的影响	证实
H14：信任对知识获取能力具有正的影响	未证实
H15：信任对知识整合能力具有正的影响	证实
H16：承诺对知识获取能力具有正的影响	证实
H17：承诺对知识整合能力具有正的影响	证实
H18：人际关系对知识获取能力具有正的影响	证实
H19：人际关系对知识整合能力具有正的影响	证实
H20：企业内部供应链整合对知识获取能力具有正的影响	证实
H21：企业内部供应链整合对知识整合能力具有正的影响	未证实
H22：企业外部供应链整合对知识获取能力具有正的影响	证实
H23：企业外部供应链整合对知识整合能力具有正的影响	证实
H24：信任对企业内部供应链整合能力具有正的影响	未证实
H25：承诺对企业内部供应链整合具有正的影响	证实
H26：人际关系对企业内部供应链整合具有正的影响	证实
H27：信任对企业外部供应链整合具有正的影响	证实
H28：承诺对企业外部供应链整合具有正的影响	证实
H29：人际关系对企业外部供应链整合具有正的影响	证实

第 5 章 文化创意产业供应链协调性评价内容模型的构建

本章首先比较了文化创意产业供应链与以制造业供应链为代表的其他产业供应链的不同点和相同点，然后将以制造业为代表的其他产业供应链协调性评价的相关研究为基础，结合文化创意产业特点，分析文化创意产业供应链需要协调的内容，从组织间协调和组织内协调两方面构建文化创意产业供应链协调性评价维度，并进一步构建文化创意产业供应链协调性评价内容模型。

5.1 文化创意产业供应链与制造业供应链的比较

5.1.1 文化创意产业供应链与制造业供应链的不同点

本小节从产品、组织、供应链协调内容三方面比较文化创意产业供应链与以制造业为代表的其他产业供应链的不同点。

（1）产品方面

首先，产品的形态不同。文化创意产品大多具有无形性和虚拟性，如电影和网络游戏；而制造业的产品具有物质性和实体性，多是看得见摸得着的实体。

其次，产品的价值来源不同。文化创意产品是体验商品，它的价值源自主观体验，源自体验价值，价值判断主要依靠感知和情感；而制造业的产品通常是功能型实用产品，实用性定义了产品特征和用途，价值判断主要依靠产品的实用性能[1]。

再其次，产品需求的不确定性。文化创意产品的需求与制造业产品相比具有很大的不确定性，文化创意产品不再是过去物质匮乏时代满足基本物质需求的必需产品，而是在物质需求得到一定程度满足的基础上，满足更高层次精神需求的产品。人们对文化创意产品的需求是精神上的，受情感和品位的影响，因此这种需求具有很高的随机性和不确定性，这种不确定性也大大增加了文化创意产业的经营风险[2]。

最后，产品的质量评判标准不同。文化创意产品消费者的精神需求和主观体验的难以预测性使得要识别和建立明确的质量标准是极其困难的；而对于制造业，实用性可以允许系统地比较不同的产品，为制定明确的、相对固定的质量标准提供了基础[1]。例如，对于鞋子的质量，无论什么品牌的鞋子，都有一致性的“耐久性”质量属性，而一部电影的质量却很难有一致性通用性的评判标准。

（2）组织方面

第一，人员的构成及人员的管理方式不同。在知识经济时代，制造业也需要强调创新，但相对而言，文化创意产业更是以内容为王、以创新为王的产业。该特点决定了文化创意企业通常是知识密集型企业，需要创新驱动，对从业人员的知识水平及创新能力要求很高。人员构成的不同也导致对人员管理方式的不同，和制造业相比，文化创意企业对人员的管理更需要采取柔性方式，采取团队式管理，以保证人员的创造性，而不是职能化、层级式管理方法。

第二，组织结构不同。一般来说，制造型企业的组织结构大多是职能型或事业部型，组织规章制度和层级结构比较明确；而这种组织结构在文化创意企业中则会限制人员的创造性，因此文化创意企业一般采用扁平化的组织结构。

第三，生产过程及其管理不同。无论生产标准化产品或个性化产品，制造业都强调并且能够一定程度地实现规模生产，采用流水线生产以降低成本，生产过程易于管理和控制。文化创意产品具有独特性特点，难以标准化，生产难以实现流水线式规模生产。文化创意产品的无形性和虚拟性使得其创作生产过程难以监测和控制。

（3）供应链协调内容方面

对于制造业，供应链协调的核心内容是实物的生产制造和储运过程中需要协调的各类问题，如生产与库存之间的协调、物流与仓储库存之间的协调、采购与提前期之间的协调。对于文化创意产业，供应链需要协调的主要内容是创意在组织内和组织间流动需要解决的各类协调问题，如创意的艺术性与商业性之间的协调、创意人员与职能人员之间的协调、创意氛围与管理体制之间的协调等。

5.1.2 文化创意产业供应链与制造业供应链的相同点

本小节从供应链结构形态和供应链协调需要解决的问题两方面比较文化创意产业供应链与以制造业产业供应链的相同点。

在供应链的结构形态及组成成员方面，不管是制造业还是文化创意产业，其供应链的结构都是由供需相关的上下游企业组成的功能网链结构。不管是哪种产业的供应链，其供应链的基本组成单位都是关联企业。也就是说，传统产业供应链和文化创意产业供应链都是由相关企业组成的功能网链。

在供应链协调需要解决的问题方面，制造业和文化创意产业面临一些共同的供应链协调问题，如信息共享问题、共同决策问题、激励机制问题及职能间协调问题。例如，两类供应链都需要信息共享，只是信息共享的内容不同而已，文化创意产业供应链是以创新、创意信息为主导，而制造业供应链是以实物的物流信息为主导。

综上所述，文化创意产业与制造业供应链之间最大的区别在于，制造业的产品以实物形态为主，与物流有关的业务在供应链协调中占主要内容。相反，文化创意产业的产品虽然也用实物做载体，但核心是其内在的虚拟的文化和创意内涵。即使存在这些显著差异，文化创意产业供应链与以制造业为代表的其他供应链在结构形态、组成单位及协调需要解决的问题等方面存在共性。因此对制造业供应链协调研究的相关成果可以创造性地迁移到文化创意产业。

5.2

文化创意产业供应链协调性评价维度

基于上述文化创意产业供应链与以制造业为代表的其他产业供应链的异同的分析，结合文化创意产业自身特点，参照已有文献研究，本节将从组织间协调和组织内协调两方面分析文化创意产业供应链协调的内容和需要解决的问题，进而构建文化创意产业供应链协调评价维度。其中的维度包括信息共享、共同决策、激励联盟和职能间协调。前三者属于组织间协调；第四个属于组织内协调。

5.2.1　信息共享维度

针对制造业供应链，Simatupang 等[3]把信息共享定义为及时获取并传播分享相关信息的行为，以使企业决策者更好地计划和控制供应链运营。Hudnurkar 等[4]认为信息共享是指供应链成员间通过一系列媒介如面对面会议、电话、传真、邮件以及网络等互换关键的专有信息。Kwon 等[5]认为信息共享是指一个公司以一种及时的方式与供应链伙伴分享一系列相关的、准确的、完整的、机密的信息。虽然不同研究者对信息共享有不同的定义，但是都一致认同信息共享对于供应链协调的作用。供应链是一个动态过程，在成员内和成员间都涉及来自多个职能的源源不断的信息流[6,7]。为了提高供应链协调性和产品质量，制造商经常要求他们的分包商和供应商实施共同过程，这就需要信息的共享[9]。信息共享能够帮助供应链成员削减供应链成本进而获取竞争优势。

对文化创意产业供应链而言，信息共享同样重要。文化创意产业的市场需求和产品创作过程充满了不确定性。为应对不确定性，文化创意企业需要努力提高自身的灵活性以实现柔性化和快速响应多变的市场需求。信息被视为“黏合剂”，把供应链上的企业凝聚在一起，以使供应链能够对竞争和挑战迅速地作出反应。因此，没有信息共享，文化创意企业难以应对不确定性，不可能实现供应链协调。对于如今的互联网时代，互联网彻底改变了信息传播方式，供应链成员间信息共享面临的问题不再是信息传播技术问题，而是成员间共享信息的意愿问题，即供应链成员间是否愿意共享信息的问题。

综上所述，文化创意产业供应链协调的信息共享可定义为，供应链成员间主动地通过各种方式共享与文化创意产品创作过程各环节及企业日常运营相关信息的行为。文化创意产品的创作过程主要包括需求预测及分析、创意开发、营销推广等环节。因此，文化创意产业供应链信息共享主要包括需求信息、创意信息、营销信息、企业运营信息的共享。

5.2.2 共同决策维度

针对制造业供应链，Simatupang 等[3]认为共同决策是对计划和运营的联合决策。计划决策包括目标市场的选择、产品组合、顾客服务水平、促销以及预测。经营决策涉及日常经营过程，例如订单产生和交付过程。Cao 等[9]认为共同决策是供应链伙伴在追求供应链最大利益的计划和运营中精心决策的过程。计划决策需要确定最有效率和最有效果的企业资源利用方法，以便取得一系列特定目标。供应链协调中的计划决策包含七类关键决策：运营战略计划、需求管理、生产计划和排程、采购、交付保证、变动的平衡以及分销管理[10]。供应链成员间的共同计划便于协调供应链伙伴做出运营决策，例如订单配置和订单交付等。

对文化创意产业供应链而言，共同决策对于供应链协调的影响远远大于制造业供应链协调的影响。首先，文化创意产业供应链与制造业供应链相比，充满了诸多不确定性：需求的不确定性、创意的不确定性、产品创作过程的不确定性。风险的主要来源就是不确定性，文化创意产业供应链上的诸多不确定性使文化创意产品和文化创意企业的成功更为不易，也使单个文化创意企业在决策时更为艰难，因此需要供应链上的成员协同合作，集思广益，共同作出既符合供应链整体利益也符合成员自身利益的计划和运营决策。

其次，文化创意产业供应链作为一个功能网链结构，是由许多相关成员企业构成的。单个企业在独自决策的过程中，总是把自身的利益放在第一位，进而做出有利于自身利益的决策，往往很少考虑或最后才考虑供应链的整体利益，这样就会造成供应链的不协调甚至供应链的断裂。因此涉及供应链的决策需要共同决策，共同决策不仅是各个企业协同合作、集思广益的过程，也是各个成员企业相互博弈，维持自身利益与供应链利益的平衡，实现供应链协调的过程。

综上所述，文化创意产业供应链协调的共同决策可定义为，供应链成员为了应对不确定性，保证创意产品的成功，针对创意产品创作过程的各环节作出联合决策的行为。制造业供应链的共同决策主要围绕生产、库存、物流等环节，而文化创意产业供应链的共同决策需要围绕创意，针对创意、创作过程作出决策。共同决策不仅需要针对产品创作过程各环节的正常运行作出联合决策，而且需要对创作过程中可能出现的问题及其解决方案作出决策。因此，文化创意产业供应链共同决策的内容主要有需求决策、创意决策、营销决策及问题解决方案决策。

5.2.3　激励联盟维度

针对制造业供应链，Simatupang 等[3]认为激励联盟是供应链成员共同承担责任、成本、风险，共同分享收益的行为。成功的供应链伙伴关系需要每一个参与者公平地分担损失、共享收益，协调结果对所有成员的益处要能够量化。激励联盟需要一个明确的机制公平地分享收益，这意味着收益要与投资和风险相匹配[11,12]。获取利益是企业存在的第一目标，供应链成员只有能够获得比单独行动更高的收益时，才会积极地参与到供应链合作中。供应链的协调是提高供应链整体收益的基础，通过合理的激励体制，供应链收益的提高才会提高成员企业的收益，增加成员共同进行供应链合作的积极性，进而供应链收益与激励体制之间形成一种良性循环，二者紧密联系，相互促进。因此，激励联盟是供应链协调的基础。

相对于有形产品，文化创意产品的核心和起点是创意，而创意的无形性、时效性使得创意的风险和价值很难确定，进而影响到利益分配机制的建立与实施。利益分配不均会使供应链企业心理上感到不均，将会极大地影响企业参与供应链协调的积极性。因此，文化创意产业供应链中的激励联盟更为复杂，也更为重要。

综上所述，文化创意产业供应链协调的激励联盟可定义为，供应链成员间通过建立合理激励机制，确保成员间能够公平地分担成本和风险，共享收益的行为。文化创意产业供应链激励联盟的内容主要包括建立激励系统、共担损益、感知激励。激励系统是指供应链成员共同开发评价绩效的系统。损益共担包括共同承担产品创作风险及费用，共享产品收益。激励感知是指供应链企业从供应链中得到的激励与自身所期望激励的吻合程度。

5.2.4 职能间协调维度

自从 March 和 Simon 提出组织内的工作可以通过预定程序和相互调整进行协调之后，协调问题一直是组织理论研究的核心问题之一[13,14]。不同职能部门间的协调理论源自组织协调理论。组织协调理论认为所有的组织都需要协调，协调是为了完成一系列任务而整合或连接组织内的不同部门[15]。职能间协调被定义为组织内部多个职能部门的整合和协同，它能够加强不同部门间的沟通、协调、凝聚以及协同。职能间协调的缺失会引起寻求共识和追求共同价值方面的问题。为了组织整体的利益而抛开职能利益，职能间协调要求每个职能部门具有协调职能部门间相互冲突[16,17]的能力。

文化创意企业在极高的不确定性和快速决策状态下运作，任何失误都可能是灾难性的，因此文化创意产业供应链及文化创意企业面临独有的职能间协调挑战。文化创意企业需要协调的问题与制造型企业需要协调的问题存在显著区别。首先文化创意产品具有二元性，如艺术性与娱乐性、熟悉性与新颖性，在创意开发和产品创作中如何协调文化创意产品的二元性，这是确保创意产品成功的前提。其次文化创意人员多是知识型工作者，他们追求自由和自主权，追求自我价值的实现，希望在轻松愉快的环境中创作，这样会激发他们的创作灵感，而传统组织强调职能整合，通过加强对职能部门的控制以追求效率和节约成本，这一做法会限制员工的创造性空间，甚至会使创意员工变为传统的那种例行性工作的人员。因此，职能整合与创造性体制之间的协调，是文化创意企业面临的第二个协调难问题。第三是部门与部门之间的协调需求更加突出。例如，创意部门追求的是他们的创意能够被实践，能够开发成功的创意产品，会较多地注重产品和创意而较少地考虑成本，而财务部门则不同，他们多注重财务数字而较少考虑创意和创意产品的开发过程。

综上所述，文化创意产业供应链协调中的职能间协调可定义为，文化创意产品创作过程中，文化创意企业内不同职能部门、人员、产品间的相互联系和整合。包括职能部门间的协调，人员间的协调、文化创意产品二元性的协调、创造性体制与职能整合的协调。

5.3
文化创意产业供应链协调性评价内容模型

基于文化创意产业供应链的定义，根据文化创意产业供应链协调的内容，前一节构建了文化创意产业供应链协调性评价的四个维度：信息共享、共同决策、激励联盟、职能间协调。其中职能间协调是供应链协调的基础，激励联盟是供应链协调的前提，信息共享是供应链协调的关键，共同决策是供应链协调的体现。

综合上述四个维度可得如图 5－1 所示的文化创意产业供应链协调性评价内容模型。其中的评价内容包括两个方面四个维度。职能间协调包括部门间协调、人员间协调、二元性协调和创造性体制协调。信息共享协调包括需求信息、创意信息、营销信息和运营信息的协调。共同决策包括需求开发、创意开发、营销推广和突发问题解决的决策协调。激励联盟包括激励系统的创建、共担损益、感知激励。

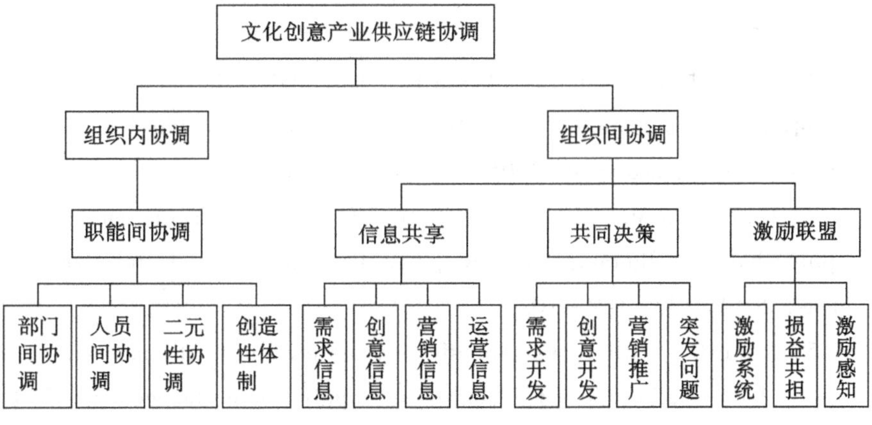

图 5－1　文化创意产业供应链协调性评价内容模型

5.4 本章小结

本章首先比较了文化创意产业供应链与以制造业为代表的其他供应链的相同点和不同点，然后以制造业为代表的其他供应链的相关研究，结合文化创意产业的特点，从信息共享、共同决策、激励联盟、职能间协调四个维度分析了文化创意产业供应链协调的内容，进而从理论上构建了文化创意产业供应链协调性评价内容模型。

参考文献

[1] Joseph L. , Theresa L. , Jamal S. Balancing act: Learning from organizing practices in cultural industries [J]. Organization Science, 2000, 11 (3): 263 – 269.

[2] 金元浦. 当代世界创意产业的概念及其特征 [J]. 电影艺术, 2006, 03: 5 – 10.

[3] Simatupang T. M. , Sridharan R. The collaboration index: a measure for supply chain collaboration [J]. International Journal of Physical Distribution & Logistics Management, 2005, 35 (1): 44 – 62.

[4] Hudnurkar M. , Jakhar S. , Rathod U. Factors affecting collaboration in supply chain: A literature Review [J]. Procedia – Social and Behavioral Sciences, 2014, 133: 189 – 202.

[5] Kwon G. , Suh T. Factors affecting the level of trust and commitment in supply chain relationship [J]. Journal of Supply Chain Management, 2004, 40 (2): 4 – 14.

[6] Jain V. , Wadhwa S. , Deshmukh S. G. Revisiting information systems to support a dynamic supply chain: issues and perspectives [J]. Production Planning & Control, 2009, 20 (1): 17 – 29.

[7] Zahra L. , Muriati M. , Shahnorbanun S. , Ali T Z. Information Sharing in Supply Chain Management [J]. Procedia Technology, 2013, 11: 298 – 304.

[8] Cheng J. H. Inter - organizational relationships and information sharing in supply chains [J]. International Journal of Information Management, 2011, 31 (4): 374 -384.

[9] Cao M., Zhang Q. Supply chain collaboration: Impact on collaborative advantage and firm performance [J]. Journal of Operations Management, 2011, 29: 163 -180.

[10] Lockamy A., McCormack K.. Linking SCOR planning practices to supply chain performance: an exploratory study [J]. International Journal of Operations & Production Management, 2004, 24 (12): 1192 -1218.

[11] Manthou V., Vlachopoulou M, Folinas D. Virtual e - Chain (VeC) model for supply chain collaboration [J]. International Journal of Production Economics, 2004, 87 (3): 241 -250.

[12] Lee H. L., Whang S. E - business and supply chain integration [J]. Stanford Global Supply Chain Management Forum, 2001, 38 (3): 93 -102.

[13] Andrew H., Van De Ven Andre L., Delbecq R K Jr. Determinants of Coordination Modes within Organizations [J]. American Sociological Review, 1976, 2 (76): 322 -338.

[14] Samer F., Yan X. Coordination in Fast - Response Organizations [J]. Management Science, 2006, 8 (52): 1155 -1169.

[15] Narver J. C., Slater S F. The effect of a market orientation on business profitability [J]. Journal of Marketing, 1990, 10 (54): 20 -35.

[16] Seigyoung A., Bulent M. The influence of top management team functional diversity on strategic orientations: The moderating role of environmental turbulence and inter - functional coordination [J]. International Journal of Research in Marketing, 2005, 22: 333 -350.

[17] Paul S. A. Interdepartmental interdependence and coordination: the case of design/manufacturing interface [J]. Organization Science, 1995, 2 (6): 147 -167.

第 6 章 文化创意产业供应链协调性评价量表的构建及预测试

本章将从信息共享、共同决策、激励联盟、职能间协调四个维度构建文化创意产业供应链协调性评价初始量表。初始量表构建完成之后，为了保证其信度和效度，还将进行预测试，经预测试后形成最终的正式量表。

6.1 量表的构建

量表的构建过程包括两个阶段。第一阶段为“设计量表”阶段。该阶段以前一章构建的文化创意产业供应链协调性评价内容模型为基础，参考相关文献中的合适量表，构建初始量表。第二阶段为“改进量表”阶段。该阶段根据文化创意产业的特点，组织专家座谈研讨后，对上述量表进行修正和改进，使之更适用于文化创意产业，进而确定初始量表，并形成预测试版问卷。

预测试版问卷题项采用 Likert 五点量表。问卷还包括反映研究对象基本特征的题目。选取调查对象所在企业的成立年限、员工规模以及主营业务度量研究对象的基本特征。其中，企业成立年限分为：3 年以下、3 ~ 5 年、6 ~ 10 年、11 年及以上。企业员工规模分为：50 人及以下、51 ~ 100 人、101 ~ 300 人、301 人以上。企业主营业务分为：文化艺术（文艺创作与表演）、文化创意及设计服务（广告、文化软件、建筑设计、专业设计等）、新闻出版发行服务、广播电视电影服务。

6.1.1　文化创意产业供应链信息共享的测量

文化创意产业供应链信息共享是指供应链成员间主动通过各种方式共享文化创意产品创作过程各环节及日常运营的相关信息。现有文献已有比较成熟的量表用于测量供应链信息共享，Simatupang 等[1]，Chen 等[2] 以及 Abdullaha 等[3]编制的信息共享量表，其 Cranbach's α 系数分别为 0. 86，0. 88，0. 823，而且具有良好效度。以前一章关于文化创意产业供应链信息共享的内容分析为基础，参考这些量表设计了文化创意产业供应链信息共享量表，具体题项如表 6 – 1 所示。

表 6 – 1　　文化创意产业供应链信息共享量表

变量	测量项目
文化创意产业供应链信息共享	A1 我公司与供应链伙伴间共享需求预测信息
	A2 我公司和供应链伙伴间共享产品创作计划
	A3 我公司和供应链伙伴间共享创作进度状态
	A4 我公司和供应链伙伴间共享核心业务流程的业务知识
	A5 我公司和供应链伙伴间使彼此了解可能会影响其他伙伴的事件或变化
	A6 我公司和供应链伙伴间共享专有资料
	A7 我公司和供应链伙伴间共享一般的信息技术（软件）以促进伙伴间的沟通
	A8 我公司和供应链伙伴间共享顾客反馈数据

6.1.2　文化创意产业供应链共同决策的测量

文化创意产业供应链共同决策是指供应链成员为了应对不确定性，保证创意产品的成功，针对创意产品创作过程各个环节作出联合决策的行为。Cao 等[4]设计的共同决策量表的 Cronbach's α 系数为 0. 83，而且具有良好效度，应用广泛。以前一章关于文化创意产业供应链共同决策的内容分析为基础，参考该量表，设计了文化创意产业供应链共同决策量表，具体题项如表 6 – 2 所示。

表 6－2　　文化创意产业供应链共同决策量表

变量	测量项目
文化创意产业供应链共同决策	B1 我公司和供应链伙伴共同实施需求预测的开发
	B2 我公司和供应链伙伴共同进行创意的开发
	B3 我公司和供应链伙伴对预测失误共同探讨解决方案
	B4 我公司和供应链伙伴共同计划营销活动
	B5 我公司和供应链伙伴共同找出问题解决方案

6.1.3　文化创意产业供应链激励联盟的测量

文化创意产业供应链激励联盟是指供应链成员间通过建立激励机制，确保成员间能够公平分担成本和风险，共享收益。对激励联盟的测量，Simatupang 等[1]，Cao 等[4]开发的激励联盟量表应用广泛，其 Cronbach's α 系数分别为0.72，0.84，且具有良好效度。以前一章关于文化创意产业供应链激励联盟的内容分析为基础，参考这些量表，设计了文化创意产业供应链激励联盟量表，具体题项如表 6－3 所示。

表 6－3　　文化创意产业供应链激励联盟量表

变量	测量项目
文化创意产业供应链激励联盟	C1 我公司和供应链伙伴共同开发系统，以评价和公布各自绩效（如关键绩效指标、积分卡以及产生的激励）
	C2 我公司和供应链伙伴共同承担产品创作的风险
	C3 我公司和供应链伙伴共同承担费用（如需求变动的损失）
	C4 我公司和供应链伙伴共享成功产品的收益
	C5 我公司从供应链中得到的激励，与付出的投资和承担的风险相当

6.1.4　文化创意产业供应链职能间协调的测量

文化创意产业供应链职能间协调是指文化创意产品创作过程中，文化创意企业内不同职能部门、人员、产品之间的相互联系和整合。包括职能部门间的协调，不同人员的协调、文化创意产品二元性的协调、创造性体制与职能整合的协调。对于企业职能间协调的测量，Narver 等[5]，Auh 等[6]以及 Haugland 等[7]编制的量表的 Cronbach's α 系数分别为 0.73，0.82，0.77，且具有良好效度。以前一章关于文化创意产业供应链职能间协调的内容分析为基础，参考这些量表，设计了文化创意产业供应链职能间协调量表，具体题项如表 6 – 4 所示。

表 6 – 4　　文化创意产业供应链职能间协调量表

变量	测量项目
文化创意企业职能协调	D1 我公司不同职能部门间共享需求信息
	D2 我公司不同职能部门间共享产品创作信息
	D3 我公司所有职能部门都致力于增加顾客价值
	D4 我们员工的创意通常都能够被采纳
	D5 我们为目标市场的需求而整合业务职能
	D6 我公司职能间的整合不会妨碍员工的创造性
	D7 我们的员工熟知文化创意产品的二元性（如艺术性与娱乐性）
	D8 我们的员工在创作中能够较好地平衡文化创意产品的二元性（如艺术性与娱乐性）
	D9 我们的员工具有良好的协作能力
	D10 我公司建立了有效的创造性体制以使员工的创意能够得到实践

6.2 问卷预测试

为了保证后期大规模正式调查的成功，需要对量表进行预测试，分析量表的信效度，以检验其适用性和有效性，并得到正式施测量表。

6.2.1　数据基本情况统计

预测试的调查对象是在下述四类创意企业工作的员工：文化艺术类（文艺创作与表演）、文化创意及设计服务类（广告、文化软件、建筑设计、专业设计等）、新闻出版发行类、广播电视电影类，且要求被调查对象于所在企业工作 3 年以上。问卷的发放采用实地调查与网络调查两种方式。实地调查是事先寻找好符合条件的调查对象，让其现场填写问卷，共搜集到 35 份问卷。网络调查通过网络工具寻求符合条件的调查对象，并请其填写问卷，共获得 78 份问卷。本次预测试共搜集 113 份问卷。经过对问卷的认真筛选，得到 98 份符合条件的有效问卷，有效问卷占全部问卷的87%。本次预测试调查对象的基本情况如表6－5所示。

表6－5　　调查对象基本情况统计

特征	分段	频数	所占比重
性别	男	53	54.1%
	女	45	45.9%
所在企业成立年限	3年以下	14	14.3%
	3～5年	29	25.4%
	6～10年	24	24.5%
	11年以上	31	31.6%
所在企业规模	50人及以下	24	24.5%
	51～100人	25	25.5%
	101～300人	19	19.4%
	301人以上	30	30.6%
所在企业业务类型	文化艺术（文艺创作与表演）	13	13.3%
	文化创意及设计服务	55	56.1%
	新闻、出版、发行服务	18	18.4%
	广播、电视、电影服务	12	12.2%

由表6－5可知，本次预测试的男女比例相差并不大，分别为54.1%和45.9%，企业成立年限短、中、长时间段分布比较均匀，中等规模的企业所占比例接近一半，这些数据都与现实情况比较吻合。就企业主营业务类型而言，根据《文化及其相关产业分类（2012）》，文化创意及设计类包含的细分行业较多，如广告、软件、游戏、建筑设计、专业设计等，范围较广，从业人员众多，在文化创意产业分类中所占的比例较大。预测试问卷调查对象所在企业的主营业务类型的比例分布跟这一现实情况相吻合，体现了预测试样本的有效性。因此，本次预测试调查样本特征基本符合总体特征。

6.2.2　效度分析

效度反映测量结果的有效性，反映测量活动能够在多大程度上测量希望了解的特性。大多数研究者把效度分为内容效度和结构效度两种形式[8]。

内容效度反映量表题项内容所具有的代表性，即量表内容是否很好地代表所要测量的领域。本研究量表的题项均参考国外多位相关学者在权威期刊上发表的论文，原始量表具有较好的信效度，且被广泛引用。并且原始量表依据文化创意产业特点构建。因此可以说明本研究量表的内容效度较好。

结构效度反映量表能够在多大程度上体现所测变量理论上的结构或特质。本研究采用因子分析方法对量表的结构效度进行检验和分析。

采用因子分析法检验和分析量表的结构效度之前，需要先进行 KMO 样本测度和 Bartlett 球体检验，以观察量表是否适合因子分析。根据 Kaiser 的观点，如果 KMO 的值小于 0.5 或 Bartlett 的显著性系数大于 0.01，则不适宜因子分析[9]。本研究使用 SPSS19.0 对预测试数据进行因子分析，分析结果如下：

（1）文化创意产业供应链信息共享量表的因子分析

文化创意产业供应链信息共享量表的 KMO 样本测度和 Bartlett 球体检验结果如表 6－6 所示，KMO 值等于 0.769，大于 0.5；Bartlett 球体检验的显著性系数 Sig. 等于 0.000，小于 0.01，说明文化创意产业供应链信息共享量表数据适合因子分析。

表 6－6　　信息共享量表 KMO 和 Bartlett 球体检验结果

KMO 样本测度		.769
Bartlett 的球体检验	近似卡方	145.082
	Df	28
	Sig.	.000

运用主成分分析法对文化创意产业供应链信息共享题项数据进行因子分析，分析结果如表 6－7 所示。通过因子分析得到两个因子，对方差变异的解释量分别为 28.662% 和 24.757%，两个因子的总解释量为 53.419%。A5（我公司和供应链伙伴间使彼此了解可能会影响其他伙伴的事件或变化）的因子载荷小于 0.5，表明该题项应去掉。剩余的其他题项因子载荷都大于 0.5，应保留。去掉题项 A5 后，其余题项测量文化创意产业供应链信息共享是合理的，具有良好的结构效度。

（2）文化创意产业供应链共同决策量表的因子分析

文化创意产业供应链共同决策量表的 KMO 样本测度和 Bartlett 球体检验结果如表 6－8 所示，KMO 值等于 0.836，大于 0.5，Bartlett 球体检验的显著性系数 Sig. 值等于 0.000，小于 0.01，说明共同决策量表的题项适合因子分析。

表 6 – 7　　信息共享 KMO 样本测度和巴特利球体检验结果

测量题项	因子载荷	
	1	2
A2 我公司和供应链伙伴间共享产品创作计划	.732	
A4 我公司和供应链伙伴间共享核心业务流程的业务知识	.649	
A6 我公司和供应链伙伴间共享专有资料	.848	
A1 我公司和供应链伙伴间共享需求预测信息		.794
A3 我公司和供应链伙伴间共享创作进度状态		.547
A7 我公司和供应链伙伴间共享一般的信息技术（软件）以促进伙伴间的沟通		.654
A8 我公司和供应链伙伴间共享顾客反馈数据		.506
累计方差解释量	28.662%	53.419%

表 6 – 8　　共同决策量表的 KMO 和 Bartlett 球体检验结果

KMO 样本测度		.836
Bartlett 的球体检验	近似卡方	105.474
	Df	15
	Sig.	.000

运用主成分分析法对文化创意产业供应链的共同决策题项数据进行因子分析，分析结果如表 6 – 9 所示。通过因子分析得到一个因子，其方差解释量为 56.593%，表明文化创意产业供应链共同决策量表的结构效度良好。

表 6 – 9　　共同决策量表的因子分析结果

测量题项	因子载荷
	1
B1 我公司和供应链伙伴间共同实施需求预测的开发	.631
B2 我公司和供应链伙伴共同进行创意的开发	.708
B3 我公司和供应链伙伴对预测失误共同探讨解决方案	.787
B4 我公司和供应链伙伴共同计划营销活动	.801
B5 我公司和供应链伙伴共同找出问题解决方案	.817
方差解释量	56.593%

（3）文化创意产业供应链激励联盟量表的因子分析

文化创意产业供应链激励联盟量表的 KMO 样本测度和 Bartlett 球体检

验结果如表 6 – 10 所示，KMO 值等于 0.802，大于 0.5；Bartlett 球体检验的显著性系数 Sig. 值等于 0.000，小于 0.01，说明激励联盟量表题项数据适合因子分析。

表 6 – 10　　激励联盟量表的 KMO 和 Bartlett 球体检验结果

KMO 样本测度		.802
Bartlett 的球体检验	近似卡方	97.892
	Df	15
	Sig.	.000

运用主成分分析法对文化创意产业供应链的激励联盟量表题项数据进行因子分析，分析结果如表 6 – 11 所示。通过因子分析得到一个因子，其方差解释量为 54.495%，表明文化创意产业供应链激励联盟量表的结构效度良好。

表 6 – 11　　激励联盟量表的因子分析结果

测量题项	因子载荷
	1
C1 我公司和供应链伙伴共同开发系统，以评价和公布各自绩效（如关键绩效指标、积分卡以及产生的激励）	.631
C2 我公司和供应链伙伴共同承担产品创作的风险	.736
C3 我公司和供应链伙伴共同承担费用（如需求变动的损失）	.794
C4 我公司和供应链伙伴共享成功产品的收益	.774
C5 我公司从供应链中得到的激励，与付出的投资和承担的风险相当	.746
方差解释量	54.495%

（4）文化创意产业供应链职能间协调量表的因子分析

文化创意产业供应链职能间协调量表的 KMO 样本测度和 Bartlett 球体检验结果如表 6 – 12 所示，KMO 值等于 0.824，大于 0.5；Bartlett 球体检验的显著性系数 Sig. 值等于 0.000，小于 0.01，说明文化创意产业供应链职能间协调量表题项数据适合因子分析。

运用主成分分析法对文化创意企业供应链职能间协调量表进行因子分析，分析结果如表 6 – 13 所示。通过因子分析得到三个因子，其方差解释量分别为 30.994%，22.744% 和 13.855%，方差累积解释量为 67.593%，表明文化创意产业供应链职能协调量表的结构效度良好。

表 6-12　　职能协调量表的 KMO 和 Bartlett 球体检验结果

KMO 样本测度		.824
Bartlett 的球体检验	近似卡方	275.570
	Df	45
	Sig.	.000

表 6-13　　职能协调量表的因子分析结果

测量题项	因子载荷		
	1	2	3
D3 我公司所有职能部门都致力于增加顾客价值	.804		
D5 我们为目标市场的需求而整合业务职能	.762		
D7 我们的员工熟知文化创意产品的二元性（如艺术性与娱乐性）	.737		
D8 我们的员工在创作中能够较好地平衡文化创意产品的二元性（如艺术性与娱乐性）	.820		
D10 我公司建立了有效的创造性体制以使员工的创意能够得到实践		.579	
D9 我们的员工具有良好的协作能力		.862	
D4 我们员工的创意通常都能够被采纳		.613	
D6 我公司职能间的整合不会妨碍员工的创造性		.722	
D1 我公司不同职能部门间共享需求信息			.889
D2 我公司不同职能部门间共享产品创作信息			.655
累计方差解释量	30.994%	53.738%	67.593%

6.2.3　信度分析

信度反映测量结果的稳定性和可靠性。信度的优劣用信度系数表示，系数值越高，说明测量结果越稳定、可靠。Cronbach's α 系数是检验信度的一种常用方法。大多数学者认为，对于探索性研究，Cronbach's α 系数在 0.6 以上则量表的可信度可以接受，达到 0.8 以上，则可信度较高。如果 Cronbach's α 系数在 0.6 以下，则说明量表的可信度不符合要求，应考虑修订量表或增删题项[9]。

使用 SPSS19.0 对所得数据进行信度分析，结果如表 6-14 所示。各分量表的 Cronbach's α 系数均大于 0.7，说明本量表的各个题项均符合信度检测要求，也表明所设计的调查问卷内部一致性程度较高。

表 6-14　　各分量表 Cronbach's α 系数汇总

分量表	Cronbach's α 系数
信息共享	.766
共同决策	.801
激励联盟	.788
职能间协调	.839

6.3 正式量表的形成

经过上述预测试及信效度检测，删除不合适的题项，并对所保留的题项进行进一步完善，最终确立了文化创意产业供应链协调评价正式量表。正式量表题项如表 6-15 所示。基于正式量表，设计了如附录 4 所示的正式调查问卷。

表 6-15　　文化创意产业供应链协调性评价正式量表

评价要素	编号	题项
信息共享	A1	我公司与供应链伙伴间共享需求预测信息
	A2	我公司和供应链伙伴间共享产品创作计划
	A3	我公司和供应链伙伴间共享创作进度状态
	A4	我公司和供应链伙伴间共享核心业务流程的业务知识
	A5	我公司和供应链伙伴间共享专有资料
	A6	我公司和供应链伙伴间共享一般的信息技术（软件）以促进伙伴间的沟通
	A7	我公司和供应链伙伴间共享顾客反馈数据
共同决策	B1	我公司和供应链伙伴共同实施需求预测的开发
	B2	我公司和供应链伙伴共同进行创意的开发
	B3	我公司和供应链伙伴对预测失误共同探讨解决方案
	B4	我公司和供应链伙伴共同计划营销活动
	B5	我公司和供应链伙伴共同找出问题解决方案

续表

评价要素	编号	题项
激励联盟	C1	我公司和供应链伙伴共同开发系统，以评价和公布各自绩效（如关键绩效指标、积分卡以及产生的激励）
	C2	我公司和供应链伙伴共同承担产品创作的风险
	C3	我公司和供应链伙伴共同承担费用（如需求变动的损失）
	C4	我公司和供应链伙伴共享成功产品的收益
	C5	我公司从供应链中得到的激励，与付出的投资和承担的风险相当
职能间协调	D1	我公司不同职能部门间共享需求信息
	D2	我公司不同职能部门间共享产品创作信息
	D3	我公司所有职能部门都致力于增加顾客价值
	D4	我们员工的创意通常都能够被采纳
	D5	我们为目标市场的需求而整合业务职能
	D6	我公司职能间的整合不会妨碍员工的创造性
	D7	我们的员工熟知文化创意产品的二元性（如艺术性与娱乐性）
	D8	我们的员工在创作中能够较好地平衡文化创意产品的二元性（如艺术性与娱乐性）
	D9	我们的员工具有良好的协作能力
	D10	我公司建立了有效的创造性体制以使员工的创意能够得到实践

6.4 本章小结

本章首先构建了文化创意产业供应链协调性评价的初始量表，接着进行了小样本的预测试。根据预测试数据，对初始量表进行了信效度分析，在删除不合适的题项并对所保留的题项进行修订后，得到了文化创意产业供应链协调性评价量表和调查问卷。

参考文献

[1] Simatupang T. M., Sridharan R. The collaboration index: a measure for supply chain collaboration [J]. International Journal of Physical Distribu-

tion & Logistics Management, 2005, 35 (1): 44 -62.

[2] Chen J. V., Yen D. C., Rajkumar T. M., et al. The antecedent factors on trust and commitment in supply chain relationships [J]. Computer Standards & Interfaces, 2011, 33: 262 -270.

[3] Abdullah Z., Musa R. The Effect of Trust and Information Sharing on Relationship Commitment in Supply Chain Management [J]. Procedia - Social and Behavioral Sciences, 2014, 130: 266 -272.

[4] Lockamy A., McCormack K. Linking SCOR planning practices to supply chain performance: an exploratory study [J]. International Journal of Operations & Production Management, 2004, 24 (12): 1192 -1218.

[5] Narver J. C., Slater S. F. The effect of a market orientation on business profitability [J]. Journal of Marketing, 1990, 10 (54): 20 -35.

[6] Auh S., Menguc B. The influence of top management team functional diversity on strategic orientations: The moderating role of environmental turbulence and inter - functional coordination [J]. International Journal of Research in Marketing, 2005, 22: 333 -350.

[7] Haugland S. A., Myrtveit I, Nygaard A. Market orientation and performance in the service industry: A data envelopment analysis [J]. Journal of Business Research, 2007, 60: 1191 -1197.

[8] 陈晓萍，徐淑英，樊景立．组织与管理研究的实证方法 [M]．北京：北京大学出版社，2012.

[9] 王重鸣．心理学研究方法 [M]．北京：人民教育出版社，1990.

第 7 章 文化创意产业供应链协调性现状

利用上一章得到的正式调查问卷实施问卷调查，得到调查数据。运用 SPSS 19.0 对所获数据进行信效度分析及相关性分析，并通过描述性分析和差异性分析综合评价中国文化创意产业供应链协调性，得到文化创意产业供应链协调性程度、文化创意产业供应链协调性依样本城市和企业特征分组的差异性、文化创意产业供应链信息共享、共同决策、激励联盟、职能间协调四个维度依企业特征分组的差异性。

7.1 数据获取

7.1.1 数据获取的对象与方法

本章的研究对象是文化创意产业的核心层企业，所以，选取的被调查企业也集中于核心层，包括文化艺术（文艺创作与表演等）、文化创意及设计服务（广告、文化软件、建筑设计、专业设计等）、新闻出版发行服务、广播电视电影服务等四类企业。文化创意企业的核心业务是与创意有关的业务，为凸显该特点并保证调查数据的有效性，本研究选取在上述四类文化创意企业中从事与创意相关工作的员工为调查对象。

问卷的发放与回收主要采用下述四种方式。一是委托调查。委托符合条件的熟人填写问卷，并采取“滚雪球”方式请求他们邀请符合条件的朋友填写。二是现场实地调查。在实地调查之前，有针对性地特别关注了“中国观众粉丝娱乐O2O平台，中国最大的观众社区、最具影响力的观众现场体验平台”观众网，并通过观众网参加了多期“东方眼”和“艺术人生”的录制。在录制现场，向从事文化创意工作的观众发放问卷，不仅完成了问卷调查，而且得到了专业人员对本研究的不少建议以及他们对文化创意产业发展现状的看法。实地调查就是直接到具有代表性的文化创意园区进行问卷调查。三是网络调查。在问卷调查之前，查找并加入了与文化创意相关的许多QQ群，如“中国文化创意产业联盟、影视后期制作、湖南文化创意产业协会、西安创意广告设计、西安文化创意群”等，在问卷调查过程中，从群成员中筛选符合条件的人员，请他们填写问卷。四是邮件调查。在相关网站上查找符合条件的文化创意企业或文化创意人员的邮箱，向他们发送求助邮件，请求帮助填写问卷。

问卷搜集完成之后，根据有效问卷的判定原则对问卷进行筛选，以保证问卷的质量。其中的判定原则包括三条。一是问卷填写必须完整。没有填写完整的问卷，如漏填、多填或一个题目出现多选的问卷被视为无效问卷。二是填写完整的问卷不能存在明显的规律性。若整个问卷题目均是同一个答案或连续多个题目出现一样的答案，这样的问卷被视为无效问卷。三是填写问卷所花时间不能少于100秒。在实施问卷调查之前，邀请了两位从事游戏开发和新闻编辑工作者，请他们在保证问卷质量的前提下，以最快的速度完成问卷，结果他们完成问卷所用时间分别为103秒和98秒。因此在问卷调查中答题时间小于100秒的，都视为无效问卷。

关于有效问卷数量，Bartlett等提出的标准被大多数学者认可和应用。他们认为测量题项的数目与样本数目之间的比例至少要达到1∶5，能达到1∶10是最理想的情况。本研究的测量量表一共有27个题项，共收回问卷318份。这些问卷经过上述判定原则筛选后，得到有效问卷288份，达到了最理想比例1∶10以上。

7.1.2 被调查对象基本情况统计

本次问卷调查被试的基本情况如表7－1所示。就性别而言，288份有效问卷中，男性136人，占47.2%，女性152人，占52.8%，女性比例略高于男性。

我国文化创意产业属于新兴产业，近十年内才得到迅速发展。样本数据中，成立年限在十年以下的文化创意企业的比例为76.4%，符合实际情况。类似地，我国文化创意企业规模普遍偏小。样本数据中，300人及以下的被试文化创意企业的比例为83%，符合实际情况。

就企业主营业务类型而言，根据国家统计局发布的《文化及相关产业分类（2012）》标准，文化创意及设计类包含的细分行业较多，如广告、软件、游戏、建筑设计、专业设计等，范围较广，从业人员最多，在文化创意产业分类中所占比例较大。样本数据中，文化创意及设计类被试企业占48%，比较符合实际情况。

就企业注册地而言，2014年北京文化创意产业占GDP的比例达到13.1%，居全国第一；从全国范围来看，文化创意产业占GDP的比例为5%左右。因此，本次调查问卷实施过程中，有意地控制了不同地区的样本数量，以便符合上述特征。

表7-1　被调查对象基本情况统计结果

特征	分段	频数	所占比重
性别	男	136	47.2%
	女	152	52.8%
企业成立年限	2年及以下	53	18.4%
	3~5年	78	27.1%
	6~10年	89	30.9%
	11年及以上	68	23.6%
企业规模	50人及以下	61	21.2%
	51~100人	114	39.6%
	101~300人	65	22.6%
	301人及以上	48	16.7%
企业业务类型	文化艺术	59	20.5%
	文化创意及设计服务	138	47.9%
	新闻、出版、发行服务	54	18.6%
	广播、电视、电影服务	37	12.8%
所在城市	北京	143	49.7%
	长沙	48	16.7%
	西安	47	16.3%
	郑州	50	17.4%

7.2

信效度及相关性分析

本节将基于所获调查数据，运用 SPSS 19.0 软件进行文化创意产业供应链协调量表的信效度分析及相关性分析。由上一章内容可知，文化创意产业供应链协调变量包含四个不同维度，为方便本研究构建的量表将来能分别用于四个维度的度量，本章后续内容将四个维度视为四个变量进行研究。

7.2.1　聚合效度分析

聚合效度反映不同测量题项测量同一概念的一致性程度。本研究的聚合效度分析结果如表 7-2 所示。由该表可知，各题项的 CITC 值均大于 0.3，分别删除各个项目后的 Cronbach's α 值均小于未删除前的 Cronbach's α 值，说明文化创意产业供应链协调性评价量表具有良好的聚合效度。

表 7-2　　样本数据聚合效度评估结果

评价变量	变量 Cronbach's α 值	测量题项	CITC 值	项目删除后的 Cronbach's α 值	评价
信息共享	0.747	A1	.396	.734	合理
		A2	.481	.712	合理
		A3	.531	.701	合理
		A4	.456	.718	合理
		A5	.431	.723	合理
		A6	.430	.724	合理
		A7	.530	.705	合理
共同决策	0.751	B1	.435	.740	合理
		B2	.523	.705	合理
		B3	.595	.680	合理
		B4	.468	.724	合理
		B5	.576	.685	合理

续表

评价变量	变量 Cronbach's α 值	测量题项	CITC 值	项目删除后的 Cronbach's α 值	评价
激励联盟	0.747	C1	.513	.702	合理
		C2	.443	.728	合理
		C3	.595	.671	合理
		C4	.507	.704	合理
		C5	.502	.706	合理
职能协调	0.808	D1	.430	.798	合理
		D2	.519	.788	合理
		D3	.433	.798	合理
		D4	.589	.780	合理
		D5	.501	.790	合理
		D6	.401	.801	合理
		D7	.530	.787	合理
		D8	.464	.795	合理
		D9	.553	.786	合理
		D10	.468	.793	合理

7.2.2 区分效度分析

本研究运用两步法评估量表的区分效度。

（1）第一步，检测各变量的 KMO 值和 Bartlett 球体检验值

如果 KMO 值小于 0.5，Bartlett 球体检验显著性系数 Sig. 值大于 0.05，则说明不适合因子分析。使用 SPSS 19.0 分别对量表中信息共享、共同决策、激励联盟和职能协调 4 个变量进行评估检验。检验结果如表 7－3 所示，4 个变量的 KMO 值依次为 0.795、0.765、0.786、0.840，4 个变量的 Bartlett 球体检验的显著性系数 Sig. 值都为 0.000，小于 0.05，说明 4 个变量都可以进行因子分析。

（2）第二步，对 4 个变量量表分别进行探索性因子分析

1）文化创意产业供应链信息共享量表的因子分析。运用因子分析法分析了文化创意产业供应链信息共享量表，结果如表 7－4 所示。结果表明，因子分析得到了两个因子。两个因子对方差的解释量分别为 28.479% 和 27.124%，累积解释量为 55.603%，且每个题项的因子载荷

表 7－3　文化创意产业供应链协调性评价量表的 KMO 值及 Bartlett 球体检验结果

评价变量	KMO 值	Bartlett 球体检验
		近似卡方（df，Sig.）
信息共享	0.795	382.993（21，.000）
共同决策	0.765	334.061（10，.000）
激励联盟	0.786	293.130（10，.000）
职能间协调	0.840	696.999（45，.000）

均大于 0.5，表明文化创意产业供应链信息共享量表具有良好的区分效度。

表 7－4　文化创意产业供应链信息共享量表的因子分析结果

测量题项	因子载荷		方差解释量（%）	累计方差解释量（%）
	1	2		
A1	.731		28.479	28.479
A2	.728			
A3	.617			
A4	.672			
A5		.686	27.12	55.603
A6		.805		
A7		.763		

2）文化创意产业供应链共同决策量表的因子分析。运用因子分析法分析了文化创意产业供应链共同决策量表，得到表 7－5 所示的结果。结果表明，因子分析得到一个因子，单因子对方差的解释量为 50.696%，且每个题项的因子载荷均大于 0.5，表明文化创意产业供应链共同决策量表区分效度良好。

表 7－5　文化创意产业供应链共同决策量表的因子分析结果

测量题项	因子载荷	累计方差解释量（%）
	1	
B1	.617	50.696
B2	.700	
B3	.782	
B4	.675	
B5	.773	

3）文化创意产业供应链激励联盟量表的因子分析。运用因子分析法分析文化创意产业供应链激励联盟量表，得到表7－6所示的结果。结果表明，通过因子分析得到一个因子，单因子对方差的解释量为49.938%，且每个题项的因子载荷均大于0.5，表明文化创意产业供应链激励联盟量表具有良好的区分效度。

表7－6　文化创意产业供应链激励联盟量表的因子分析结果

测量题项	因子载荷	累计方差解释量（%）
	1	
C1	.706	
C2	.638	
C3	.776	49.938
C4	.707	
C5	.699	

4）文化创意产业供应链职能间协调量表的因子分析。运用因子分析法分析文化创意产业供应链职能间协调量表，得到表7－7所示的结果。通过因子分析得到两个因子，分别解释了方差的27.646%和21.760%，累积解释量为49.405%，且每个题项的因子载荷均大于0.5，因此文化创意产业供应链职能间协调量表具有良好的区分效度。

表7－7　文化创意产业供应链职能协调量表的因子分析结果

测量题项	因子载荷		方差解释量（%）	累计方差解释量（%）
	1	2		
D1	.711			
D10	.722			
D2	.597			
D9	.615		27.646	27.646
D3	.627			
D4	.579			
D5	.525			
D7		.807		
D6		.552	21.760	49.405
D8		.853		

7.2.3　信度分析

各变量的信度分析结果如表 7－8 所示。结果表明各变量的 Cronbach's α 值均大于 0.7，信度分析结果较理想，数据可靠性较高。

表 7－8　　文化创意产业供应链协调量表的信度检测结果

变量	Cronbach's α 系数
信息共享	0.747
共同决策	0.751
激励联盟	0.747
职能协调	0.808
总量表	0.920

7.2.4　各变量的相关性分析

根据问卷调查所得数据，对 4 个变量进行相关性分析，得到表 7－9 所示的结果。各变量之间的相关系数均低于 0.4，说明它们之间低度相关，各变量之间具有一定的独立性，从而在一定程度上说明第 5 章构建的文化创意产业供应链协调性评价内容模型的可靠性。

表 7－9　　各变量之间的相关系数矩阵

	信息共享	共同决策	激励联盟	职能间协调
信息共享	1			
共同决策	.355	1		
激励联盟	.224	.214	1	
职能间协调	.163	.228	.312	1

7.3
文化创意产业供应链协调性现状分析

通过上述信效度分析和相关性分析表明，本调查问卷的信效度良好且各个变量的独立性较好。在此基础上采用描述性统计分析方法，对文化创意产业供应链协调性进行综合评价。运用差异性分析方法，分析信息共享、共同决策、激励联盟及职能间协调依不同企业特征的差异性。

7.3.1 全样本描述性统计分析

文化创意产业供应链协调性现状的全样本描述性统计分析结果如表7-10所示。

表7-10 全样本描述性统计分析结果

变量	题项数目	平均得分	标准差
信息共享	7	3.2664	.61284
共同决策	5	3.3264	.67725
激励联盟	5	3.3236	.69483
职能间协调	10	3.4691	.60467
协调性	27	3.3464	.57016

由表7-10可知，全部样本的供应链协调性平均得分为3.346，说明我国文化创意产业供应链协调性处于中等略微偏高水平。协调性的四个分变量的平均得分为3.266~3.469，最高的为“职能间协调”（3.469），最低的是“信息共享”（3.266）。“职能间协调”的得分均高于其他三项，说明组织内的协调性高于组织间的协调性，这一结果符合现实中企业的运营状况。在标准差方面，“职能间协调”（0.996）最大，这说明在被试文化创意企业中，职能间的协调性相对最好，但是差异性也相对最大。

7.3.2 依样本城市的差异性分析

采取均值和标准差比较来自北京、长沙、西安和郑州四个城市的样本企业的文化创意产业供应链协调性，结果如表7-11所示。

表7-11 依样本城市分组的文化创意产业供应链协调性统计结果

地区	均值	标准差
北京	3.2184	.47782
长沙	3.6011	.59009
西安	3.4442	.59297
郑州	3.3759	.67594

由表7-11可知，就文化创意产业供应链协调性均值而言，来自长沙

的样本企业最高，为3.6011，最低的是北京，为3.2184。说明本次调查样本中，长沙的文化创意产业供应链协调性最高，西安、郑州次之，北京最低。就标准差而言，来自北京的样本企业最低，为0.47782，说明北京的文化创意产业供应链协调性较均匀，波动性较其他三个城市小；郑州的最高，为0.67594，说明郑州的文化创意产业供应链协调性波动较大。

7.3.3　依特征企业的差异性分析

从成立年限、企业规模及主营业务类型三个方面，进行文化创意产业供应链协调性的差异性分析，得到如表7－12所示的结果。

表7－12　依企业特征分组的文化创意产业供应链协调性差异性分析结果

分组	组别	均值	标准差	方差	均值的标准误差
依企业成立年限	3年以下	3.2561	.61920	.383	.08505
	3～5年	3.3086	.58535	.343	.06628
	6～10年	3.3546	.48674	.237	.05159
	11年及以上	3.4492	.60918	.371	.07387
依企业规模	50人及以下	3.3519	.57384	.329	.07347
	51～100人	3.2381	.50040	.250	.04687
	101～300人	3.4741	.55398	.307	.06871
	301人及以上	3.4234	.69836	.488	.10080
依企业主营业务类型	文化艺术	3.2869	.50891	.259	.06625
	文化创意及设计	3.4056	.61023	.372	.05195
	新闻、出版、传媒	3.2930	.45015	.203	.06126
	广播、电视、电影	3.2981	.65804	.433	.10818
全部样本		3.2664	.61284	.376	.03611

由表7－12可知，就企业成立年限而言，成立11年及以上的样本企业的供应链协调性得分均值最高，为3.4492，而成立3年以下的样本企业的得分均值最低，为3.2561。就企业规模而言，101～300人规模的样本企业的供应链协调性得分均值最高，为3.4741，而51～100人规模的样本企业的得分均值最低，为3.2381。就企业主营业务类型而言，文化创意及设计类样本企业的供应链协调性得分均值最高，为3.4056，而文化艺术类的样本企业的得分均值最低，为3.2869。

7.4 文化创意产业供应链协调性各维度的描述性统计分析

7.4.1 信息共享的描述性统计分析

信息共享的描述性统计分析结果如表7-13所示。对于全部样本，信息共享均值为3.2664，处于中间水平。对于依企业成立年限划分的4组样本，11年及以上样本企业的信息共享水平均值最高，为3.3866，而6~10年样本企业的信息共享均值最低，为3.2263。3-5年样本企业的信息共享方差最大，为0.440，说明此类企业的信息共享水平差异性最大。

对于依企业规模划分的4组样本，信息共享均值最高的为101~300人规模的样本企业，达到3.3626，而均值最低的是51~100人规模的样本企业，为3.1429。信息共享方差最大的是300人及以上的样本企业，说明此类企业的信息共享水平差异性最大。

对于按企业主营业务类型划分的4组样本，文化创意及设计类样本企业的信息共享均值最高，为3.3333。广播电视电影类样本企业的均值最低，为3.1544，而且此类企业的信息共享方差也最大，为0.466，说明此类企业信息共享水平差异性最大。

对于按企业注册城市划分的4组样本，长沙的文化创意样本企业的信息共享水平均值最高，为3.4315，而北京的样本企业的均值最低，为3.1728。郑州的文化创意样本企业的信息共享方差最大，为0.74234，说明郑州的文化创意样本企业的信息共享水平差异性最大。

表7-13 信息共享的描述性分析结果

分组	组别	均值	标准差	方差	均值的标准误差
按企业成立年限	3年以下	3.2264	.66325	.440	.09110
	3~5年	3.2344	.62714	.393	.07101
	6~10年	3.2263	.52745	.278	.05591
	11年及以上	3.3866	.65631	.431	.07959

续表

分组	组别	均值	标准差	方差	均值的标准误差
按企业规模	50 人及以下	3.3208	.62306	.388	.07977
	51 ~ 100 人	3.1429	.54257	.294	.05082
	101 ~ 300 人	3.3626	.62171	.387	.07711
	301 人及以上	3.3601	.70787	.501	.10217
按企业主营业务类型	文化艺术	3.1816	.59545	.355	.07752
	文化创意及设计	3.3333	.63098	.398	.05371
	新闻、出版、传媒	3.2646	.52096	.271	.07089
	广播、电视、电影	3.1544	.68295	.466	.11228
按不同样本城市	北京	3.1728	.53529	.287	.04476
	长沙	3.4315	.62478	.390	.09018
	西安	3.3982	.63185	.399	.09216
	郑州	3.2514	.74234	.551	.10498
全部样本		3.2664	.61284	.376	.03611

7.4.2　共同决策的描述性统计分析

共同决策的描述性统计分析结果如表 7 – 14 所示。对于全部样本，共同决策的均值为 3.3264，处于中间水平。对于按企业成立年限划分的 4 组样本，共同决策均值最高的为 11 年及以上的样本企业，达到 3.4471；而 3 年以下的样本企业均值最低，为 3.2264，而且此类样本企业的共同决策方差最大，为 0.546，说明该类样本企业的共同决策水平差异性最大。

对于按企业规模划分的 4 组样本，共同决策均值最高的是 300 人及以上的样本企业，为 3.4292，而 51 ~ 100 人的样本企业均值最低，为 3.2140。共同决策方差最大的是 300 人及以上的样本企业，说明此类企业虽然共同决策水平较高，但是差异性也最大。

对于按企业主营业务类型划分的 4 组样本，共同决策均值最高的是文化创意及设计类样本企业，为 3.3507。最低的是广播电视电影类样本企业，为 3.2649，并且这类样本企业的共同决策方差也最大，为 0.576，说明这类样本企业共同决策水平不但最低而且差异性最大。

对于按企业注册城市划分的 4 组样本，长沙的文化创意样本企业的共同决策水平最高，为 3.5458。北京的样本企业最低，为 3.2028。郑州的样本企业的共同决策的方差最大，为0.81472，说明该地的样本企业共同决策水平波动最大。

表7-14　　　　共同决策的描述性分析结果

分组	组别	均值	标准差	方差	均值的标准误差
按企业成立年限	3年以下	3.2264	.73906	.546	.10152
	3~5年	3.3564	.61043	.373	.06912
	6~10年	3.2674	.64522	.416	.06839
	11年及以上	3.4471	.73311	.537	.08890
按企业规模	50人及以下	3.4262	.65062	.423	.08330
	51~100人	3.2140	.62271	.388	.05832
	101~300人	3.3538	.69531	.483	.08624
	301人及以上	3.4292	.78387	.614	.11314
按企业主营业务类型	文化艺术	3.3288	.59973	.360	.07808
	文化创意及设计	3.3507	.73288	.537	.06239
	新闻、出版、传媒	3.3037	.55319	.306	.07528
	广播、电视、电影	3.2649	.75873	.576	.12473
按不同样本城市	北京	3.2028	.59858	.358	.05006
	长沙	3.5458	.68757	.473	.09924
	西安	3.4511	.67175	.451	.09798
	郑州	3.3520	.81472	.664	.11522
全部样本		3.3264	.67725	.459	.03991

7.4.3　激励联盟的描述性统计分析

激励联盟的描述性统计分析结果如表7-15所示。对于全部样本，激励联盟的均值为3.3236，属于中间水平左右。对于按企业成立年限划分的4组样本，激励联盟均值最高的是11年及以上的样本企业，为3.4206，但是其方差也最大，为0.608，说明其激励联盟程度虽然较高，但是差异性也最大。成立年限在3年以下的样本企业的激励联盟均值最低，为3.2264。

对于按企业规模划分的4组样本，100~300人的样本企业的激励联盟均值最高，为3.4862。均值最低的是51~100人的样本企业，为3.2421。方差最大的是300人及以上的样本企业，为0.647，说明这类样本企业的激励联盟的差异性最大。

对于按企业主营业务类型划分的 4 组样本，文化创意及设计类样本企业的激励联盟均值最高，为 3.3841。广播电视电影类样本企业均值最低，为 3.2054，而且这类企业的激励联盟方差也最大，为 0.821，说明此类企业激励联盟水平波动最大。

对于按企业注册城市划分的 4 组样本，长沙的样本企业的激励联盟均值最高，为 3.6917。北京的最低，为 3.1636。郑州的样本企业的激励联盟的方差最大，为 0.76111，说明该地的样本企业的激励联盟水平波动最大。

表 7-15　激励联盟的描述性分析结果

分组	组别	均值	标准差	方差	均值的标准误差
按企业成立年限	3 年以下	3.2264	.70278	.494	.09653
	3~5 年	3.2692	.73490	.540	.08321
	6~10 年	3.3551	.57505	.331	.06096
	11 年及以上	3.4206	.77970	.608	.09455
按企业规模	50 人及以下	3.2656	.65189	.425	.08347
	51~100 人	3.2421	.64710	.419	.06061
	101~300 人	3.4862	.71324	.509	.08847
	301 人及以上	3.3708	.80423	.647	.11608
按企业主营业务类型	文化艺术	3.3085	.56118	.315	.07306
	文化创意及设计	3.3841	.70579	.498	.06008
	新闻、出版、传媒	3.2667	.63365	.402	.08623
	广播、电视、电影	3.2054	.90614	.821	.14897
按不同样本城市	北京	3.1636	.63585	.404	.05317
	长沙	3.6917	.65097	.424	.09396
	西安	3.4085	.69652	.485	.10160
	郑州	3.3480	.76111	.579	.10764
全部样本		3.3236	.69483	.483	.04094

7.4.4　职能间协调的描述性统计分析

职能间协调的描述性统计分析结果如表 7-16 所示。对于全部样本，职能间协调的均值为 3.4691，属于中间偏上水平。对于按企业成立年限划分的 4 组样本，职能间协调均值最高的为 6~10 年的样本企业，达到 3.5697。均值最低的为 3 年以下的样本企业，为 3.3453，而且其方差也最大，为0.416，说明其职能间协调水平差异性最大。

对于按企业规模划分的4组样本，职能间协调均值最高的为101～300人的样本企业，达到3.6938。均值最低的是51～100人的样本企业，为3.3535。方差最大的是300人及以上的样本企业，为0.530，说明这类样本企业的职能间协调水平差异性最大。

对于按企业主营业务类型划分的4组样本，职能间协调均值最高的是广播电视电影类样本企业，达到3.5676，但其方差也最大，为0.422，说明其职能间协调水平差异性最大。文化艺术类样本企业的职能间协调均值最低，为3.3288。

对于按企业注册城市划分的4组样本，长沙的样本企业的职能间协调水平最高，为3.7354。北京的最低，为3.3343。西安的样本企业的职能间协调方差最大，为0.67780，说明该地文化创意企业的职能间协调水平波动最大。

表7-16　职能间协调的描述性分析结果

分组	组别	均值	标准差	方差	均值的标准误差
按企业成立年限	3年以下	3.3453	.64527	.416	.08863
	3-5年	3.3744	.63603	.405	.07202
	6-10年	3.5697	.56416	.318	.05980
	11年及以上	3.5426	.56445	.319	.06845
按企业规模	50人及以下	3.3951	.61656	.380	.07894
	51-100人	3.3535	.56837	.323	.05323
	101-300人	3.6938	.48986	.240	.06076
	301人及以上	3.5333	.72825	.530	.10511
按企业主营业务类型	文化艺术	3.3288	.54679	.299	.07119
	文化创意及设计	3.5543	.63408	.402	.05398
	新闻、出版、传媒	3.3370	.51112	.261	.06955
	广播、电视、电影	3.5676	.64981	.422	.10683
按不同样本城市	北京	3.3343	.51074	.261	.04271
	长沙	3.7354	.64527	.416	.09314
	西安	3.5191	.67780	.459	.09887
	郑州	3.5520	.65035	.423	.09197
总计		3.4691	.60467	.366	.03563

7.5

文化创意产业供应链协调性各维度的差异性分析

本节将分析信息共享、共同决策、激励联盟和职能间协调四个维度依文化创意企业不同特征的差异性。差异性判定标准为显著性水平 Sig. 值小于 0.05。

7.5.1　信息共享依不同企业特征的差异性分析

（1）依企业成立年限的信息共享差异性分析

方差分析结果如表 7－17 所示，F 检验的显著性水平 Sig. 值等于 0.331，大于 0.05，表明信息共享维度依企业成立年限没有显著区别。方差齐性检验的 Sig. 值等于 0.396，大于 0.05，说明是齐性的。LSD 多重比较分析在齐性方差情况下不适用，因此进行 Games－Howell 分析，结果如表 7－18 所示。结果表明，成立年限不同的样本企业之间的信息共享维度不存在显著差异。

表 7－17　　方差分析结果——企业成立年限与信息共享

	方差和	自由度	均方差	F	显著水平	方差齐性检验	
						Levene 统计	Sig.
组内	1.289	3	.430	1.146	.331		
组间	106.501	284	.375			.995	.396
总计	107.790	287					

表 7－18　　G－H 分析结果——企业成立年限与信息共享

（I）成立年限	（J）成立年限	均值差（I－J）	标准误差	显著性	95% 置信区间	
					下限	上限
2 年及以下	3～5 年	－.00802	.11551	1.000	－.3095	.2934
	6～10 年	.00009	.10689	1.000	－.2797	.2798
	11 年及以上	－.16014	.12097	.550	－.4757	.1554
3～5 年	2 年及以下	.00802	.11551	1.000	－.2934	.3095
	6～10 年	.00811	.09038	1.000	－.2267	.2429
	11 年及以上	－.15212	.10666	.485	－.4295	.1252

续表

(I) 成立年限	(J) 成立年限	均值差 (I-J)	标准误差	显著性	95%置信区间	
					下限	上限
6~10年	2年及以下	-.00009	.10689	1.000	-.2798	.2797
	3~5年	-.00811	.09038	1.000	-.2429	.2267
	11年及以上	-.16023	.09726	.356	-.4135	.0930
11年及以上	2年及以下	.16014	.12097	.550	-.1554	.4757
	3~5年	.15212	.10666	.485	-.1252	.4295
	6~10年	.16023	.09726	.356	-.0930	.4135

(2) 依企业规模的信息共享差异性分析

方差分析结果如表7-19所示，F检验的显著性水平Sig. 值等于0.049，小于0.05，说明信息共享维度依企业规模具有显著差异。方差齐性检验Sig. 值等于0.388，大于0.05，说明是齐性的。LSD多重比较分析在齐性方差情况下不适用，因此进行Games-Howell分析，结果如表7-20所示。结果表明，50~101人的样本企业与101~300人的样本企业、300人以上的样本企业之间的信息共享水平存在显著差异，且信息共享水平随着企业规模的增加而增加。

表7-19　　方差分析结果——企业规模与信息共享

	方差和	自由度	均方差	F	显著水平	方差齐性检验	
						Levene统计	Sig.
组内	2.944	3	.981	2.659	.049		
组间	104.846	284	.369			1.012	.388
总计	107.790	287					

表7-20　　G-H分析结果——企业规模与信息共享

(I) 企业规模	(J) 企业规模	均值差 (I-J)	标准误差	显著性	95%置信区间	
					下限	上限
50人及以下	51~100人	.17799	.09458	.242	-.0688	.4248
	101~300人	-.04179	.11095	.982	-.3308	.2472
	301人及以上	-.03928	.12963	.990	-.3783	.2998
51~100人	50人及以下	-.17799	.09458	.242	-.4248	.0688
	101~300人	-.21978	.09235	.087	-.4604	.0209
	301人及以上	-.21726	.11411	.236	-.5174	.0829

续表

(I) 企业规模	(J) 企业规模	均值差 (I-J)	标准误差	显著性	95% 置信区间	
					下限	上限
101~300 人	50 人及以下	.04179	.11095	.982	-.2472	.3308
	51~100 人	.21978	.09235	.087	-.0209	.4604
	301 人及以上	.00252	.12801	1.000	-.3323	.3374
301 人及以上	50 人及以下	.03928	.12963	.990	-.2998	.3783
	51~100 人	.21726	.11411	.236	-.0829	.5174
	101~300 人	-.00252	.12801	1.000	-.3374	.3323

(3) 依企业主营业务类型的信息共享差异性分析

方差分析结果如表 7-21 所示，F 检验的显著性水平 Sig. 值等于 0.261，大于 0.05，表明信息共享维度依主营业务类型不存在显著差异。方差齐性检验 Sig. 值等于 0.833，大于 0.05，说明方差是齐性的。LSD 多重比较分析在齐性方差情况下不适用，因此进行 Games-Howell 分析，结果如表 7-22 所示。结果表明，不同主营业务类型样本企业之间的信息共享维度不存在显著差异。

表 7-21 方差分析结果——企业业务类型与信息共享

	方差和	自由度	均方差	F	显著水平	方差齐性检验	
						Levene 统计	Sig.
组内	1.507	3	.502	1.342	.261		
组间	106.284	284	.374			.289	.833
总计	107.790	287					

表 7-22 G-H 分析结果——企业业务类型与信息共享

(I) 业务类型	(J) 业务类型	均值差 (I-J)	标准误差	显著性	95% 置信区间	
					下限	上限
文化艺术	文化创意及设计	-.15174	.09431	.378	-.3976	.0941
	新闻出版发行	-.08295	.10505	.859	-.3570	.1911
	广播电视电影	.02716	.13644	.997	-.3321	.3864
文化创意及设计	文化艺术	.15174	.09431	.378	-.0941	.3976
	新闻出版发行	.06878	.08894	.866	-.1630	.3006
	广播电视电影	.17889	.12446	.482	-.1511	.5089

续表

(I) 业务类型	(J) 业务类型	均值差 (I-J)	标准误差	显著性	95%置信区间	
					下限	上限
新闻出版发行	文化艺术	.08295	.10505	.859	-.1911	.3570
	文化创意及设计	-.06878	.08894	.866	-.3006	.1630
	广播电视电影	.11011	.13278	.840	-.2402	.4604
广播电视电影	文化艺术	-.02716	.13644	.997	-.3864	.3321
	文化创意及设计	-.17889	.12446	.482	-.5089	.1511
	新闻出版发行	-.11011	.13278	.840	-.4604	.2402

7.5.2 共同决策依不同企业特征的差异性分析

(1) 依企业成立年限的共同决策差异性分析

方差分析结果如表 7-23 所示，F 检验的显著性水平 Sig. 值等于 0.247，大于 0.05，表明成立年限不同的样本企业之间的共同决策维度没有显著区别。方差齐性检验 Sig. 值等于 0.516，大于 0.05，说明方差是齐性的。LSD 多重比较分析在齐性方差情况下不适用，因此进行 Games-Howell 分析，结果如表 7-24 所示。结果表明，共同决策维度依企业成立年限没有显著影响。

表 5-22　　方差分析结果——企业成立年限与共同决策

	方差和	自由度	均方差	F	显著水平	方差齐性检验	
						Levene 统计	Sig.
组内	1.900	3	.633	1.386	.247		
组间	129.740	284	.457			.763	.516
总计	131.639	287					

表 5-23　　G-H 分析结果——企业成立年限与共同决策

(I) 成立年限	(J) 成立年限	均值差 (I-J)	标准误差	显著性	95%置信区间	
					下限	上限
2 年及以下	3~5 年	-.13000	.12281	.715	-.4510	.1910
	6~10 年	-.04100	.12241	.987	-.3609	.2789
	11 年及以上	-.22064	.13494	.363	-.5726	.1313

续表

(I) 成立年限	(J) 成立年限	均值差 (I－J)	标准误差	显著性	95%置信区间	
					下限	上限
3～5 年	2 年及以下	.13000	.12281	.715	-.1910	.4510
	6～10 年	.08899	.09724	.797	-.1634	.3414
	11 年及以上	-.09065	.11261	.852	-.3837	.2024
6－10 年	2 年及以下	.04100	.12241	.987	-.2789	.3609
	3～5 年	-.08899	.09724	.797	-.3414	.1634
	11 年及以上	-.17964	.11217	.381	-.4715	.1122
11 年及以上	2 年及以下	.22064	.13494	.363	-.1313	.5726
	3～5 年	.09065	.11261	.852	-.2024	.3837
	6～10 年	.17964	.11217	.381	-.1122	.4715

（2）依企业规模的共同决策差异性分析

方差分析结果如表 7－25 所示，F 检验的显著性水平 Sig. 值等于 0.028，小于 0.05，表明规模不同的样本企业之间的共同决策维度存在显著差异。方差齐性检验 Sig. 值等于 0.336，大于 0.05，说明方差是齐性的。LSD 多重比较分析在齐性方差情况下不适用，因此进行 Games－Howell 分析，结果如表 7－26 所示。结果表明，共同决策维度在 50 人及以下的样本企业与 51～100 人的样本企业、51～100 人的样本企业与 300 人以上的样本企业之间存在显著差异，并且共同决策水平随着企业规模的增加而提高。

表 7－25　　方差分析结果——企业规模与共同决策

	方差和	自由度	均方差	F	显著水平	方差齐性检验	
						Levene 统计	Sig.
组内	2.603	3	.868	1.910	.028		
组间	129.036	284	.454			1.134	.336
总计	131.639	287					

表 7－26　　G－H 分析结果——企业规模与共同决策

(I) 企业规模	(J) 企业规模	均值差 (I－J)	标准误差	显著性	95%置信区间	
					下限	上限
50 人及以下	51～100 人	-.21219	.10169	.163	-.0528	.4772
	101～300 人	.07238	.11991	.931	-.2399	.3846
	301 人及以上	-.00294	.14050	1.000	-.3707	.3648

续表

(I) 企业规模	(J) 企业规模	均值差 (I-J)	标准误差	显著性	95%置信区间	
					下限	上限
51~100人	50人及以下	.21219	.10169	.163	-.4772	.0528
	101~300人	-.13981	.10411	.538	-.4110	.1314
	301人及以上	-.21513	.12729	.336	-.5498	.1195
101~300人	50人及以下	-.07238	.11991	.931	-.3846	.2399
	51~100人	.13981	.10411	.538	-.1314	.4110
	301人及以上	-.07532	.14226	.952	-.4474	.2968
301人及以上	50人及以下	.00294	.14050	1.000	-.3648	.3707
	51~100人	.21513	.12729	.336	-.1195	.5498
	101人~300人	.07532	.14226	.952	-.2968	.4474

(3) 依企业主营业务类型的共同决策差异性分析

方差分析结果如表7-27所示，F检验的显著性水平Sig.值等于0.910，大于0.05，表明主营业务类型不同的样本企业之间的共同决策维度没有显著区别。方差齐性检验Sig.值等于0.174，大于0.05，说明方差是齐性的，LSD多重比较分析在齐性方差情况下不适用，因此进行Games-Howell分析，结果如表7-28所示。结果表明，共同决策维度依主营业务类型没有显著差异。

表7-27　　方差分析结果——主营业务类型与共同决策

	方差和	自由度	均方差	F	显著水平	方差齐性检验	
						Levene统计	Sig.
组内	.250	3	.083	.180	.910		
组间	131.390	284	.463			1.667	.174
总计	131.639	287					

表7-28　　G-H分析结果——企业业务类型与共同决策

(I) 业务类型	(J) 业务类型	均值差 (I-J)	标准误差	显著性	95%置信区间	
					下限	上限
文化艺术	文化创意及设计	-.02191	.09994	.996	-.2819	.2381
	新闻出版发行	.02511	.10846	.996	-.2578	.3080
	广播电视电影	.06395	.14716	.972	-.3243	.4522

续表

(I) 业务类型	(J) 业务类型	均值差 (I－J)	标准误差	显著性	95%置信区间	
					下限	上限
文化创意及设计	文化艺术	.02191	.09994	.996	-.2381	.2819
	新闻出版发行	.04702	.09777	.963	-.2075	.3015
	广播电视电影	.08586	.13947	.927	-.2836	.4553
新闻出版发行	文化艺术	-.02511	.10846	.996	-.3080	.2578
	文化创意及设计	-.04702	.09777	.963	-.3015	.2075
	广播电视电影	.03884	.14569	.993	-.3459	.4236
广播电视电影	文化艺术	-.06395	.14716	.972	-.4522	.3243
	文化创意及设计	-.08586	.13947	.927	-.4553	.2836
	新闻出版发行	-.03884	.14569	.993	-.4236	.3459

7.5.3　激励联盟依不同企业特征的差异性分析

(1) 依成立年限的激励联盟差异性分析

方差分析结果如表 7－29 所示，F 检验的显著性水平 Sig. 值等于 0.390，大于 0.05，表明成立年限不同的样本企业之间的激励联盟维度没有显著区别。方差齐性检验 Sig. 值等于 0.049，小于 0.05，说明方差是非齐性的，适合 LSD 多重比较分析，结果如表 7－30 所示。结果表明，激励联盟依企业成立年限没有显著差异。

表 7－29　方差分析结果——企业成立年限与激励联盟

	方差和	自由度	均方差	F	显著水平	方差齐性检验	
						Levene 统计	Sig.
组内	1.459	3	.486	1.007	.390		
组间	137.101	284	.483			2.656	.049
总计	138.559	287					

表 7－30　LSD 多重比较分析结果——企业成立年限与激励联盟

(I) 成立年限	(J) 成立年限	均值差 (I－J)	标准误差	显著性	95%置信区间	
					下限	上限
2 年及以下	3～5 年	-.04282	.12368	.729	-.2863	.2006
	6～10 年	-.12864	.12055	.287	-.3659	.1086
	11 年及以上	-.19417	.12731	.128	-.4448	.0564

续表

(I) 成立年限	(J) 成立年限	均值差 (I-J)	标准误差	显著性	95%置信区间	
					下限	上限
3-5年	2年及以下	.04282	.12368	.729	-.2006	.2863
	6~10年	-.08583	.10776	.426	-.2979	.1263
	11年及以上	-.15136	.11528	.190	-.3783	.0755
6~10年	2年及以下	.12864	.12055	.287	-.1086	.3659
	3~5年	.08583	.10776	.426	-.1263	.2979
	11年及以上	-.06553	.11191	.559	-.2858	.1547
11年及以上	2年及以下	.19417	.12731	.128	-.0564	.4448
	3~5年	.15136	.11528	.190	-.0755	.3783
	6~10年	.06553	.11191	.559	-.1547	.2858

(2) 依企业规模的激励联盟差异性分析

方差分析结果如表7-31所示，F检验的显著性水平Sig.值等于0.123，大于0.05，表明规模不同的样本企业之间的激励联盟维度不存在显著差异。方差齐性检验Sig.值等于0.230，大于0.05，说明方差是齐性的。LSD多重比较分析在方差齐性的情况下不适用，因此进行Games-Howell分析，结果如表7-32所示。结果表明，激励联盟依企业规模没有显著差异。

表7-31　　方差分析结果——企业规模与激励联盟

	方差和	自由度	均方差	F	显著水平	方差齐性检验	
						Levene统计	Sig.
组内	2.787	3	.929	1.943	.123		
组间	135.772	284	.478			1.444	.230
总计	138.559	287					

表7-32　　G-H分析结果——企业规模与激励联盟

(I) 企业规模	(J) 企业规模	均值差 (I-J)	标准误差	显著性	95%置信区间	
					下限	上限
50人及以下	51~100人	.02347	.10315	.996	-.2452	.2922
	101~300人	-.22058	.12163	.272	-.5373	.0962
	301人及以上	-.10526	.14297	.882	-.4796	.2690

续表

（I）企业规模	（J）企业规模	均值差（I－J）	标准误差	显著性	95%置信区间	
					下限	上限
51～100 人	50 人及以下	－.02347	.10315	.996	－.2922	.2452
	101～300 人	－.24405	.10724	.109	－.5233	.0353
	301 人及以上	－.12873	.13095	.760	－.4729	.2155
101～300 人	50 人及以下	.22058	.12163	.272	－.0962	.5373
	51～100 人	.24405	.10724	.109	－.0353	.5233
	301 人及以上	.11532	.14595	.859	－.2664	.4971
301 人及以上	50 人及以下	.10526	.14297	.882	－.2690	.4796
	51～100 人	.12873	.13095	.760	－.2155	.4729
	101～300 人	－.11532	.14595	.859	－.4971	.2664

（3）依企业主营业务类型的激励联盟差异性分析

方差分析结果如表 7－33 所示，F 检验的显著性水平 Sig. 值等于 0.476，大于 0.05，表明业务类型不同的样本企业之间的激励联盟维度没有显著区别。方差齐性检验 Sig. 值等于 0.034，小于 0.05，即方差是非齐性的，非齐性方差情况下需要进行 LSD 多重比较分析，结果如表 7－34 所示。结果表明，激励联盟依企业主营业务类型不存在显著差异。

表 7－33　方差分析结果——企业业务类型与激励联盟

	方差和	自由度	均方差	F	显著水平	方差齐性检验	
						Levene 统计	Sig.
组内	1.210	3	.403	.834	.476		
组间	137.350	284	.484			2.929	.034
总计	138.559	287					

表 7－34　LSD 多重比较分析结果——企业业务类型与激励联盟

（I）业务类型	（J）业务类型	均值差（I－J）	标准误差	显著性	95%置信区间	
					下限	上限
文化艺术	文化创意及设计	－.07558	.10817	.485	－.2885	.1373
	新闻出版发行	.04181	.13097	.750	－.2160	.2996
	广播电视电影	.10307	.14584	.480	－.1840	.3901
文化创意及设计	文化艺术	.07558	.10817	.485	－.1373	.2885
	新闻出版发行	.11739	.11163	.294	－.1023	.3371
	广播电视电影	.17865	.12875	.166	－.0748	.4321

续表

(I) 业务类型	(J) 业务类型	均值差(I-J)	标准误差	显著性	95%置信区间	
					下限	上限
新闻出版发行	文化艺术	-.04181	.13097	.750	-.2996	.2160
	文化创意及设计	-.11739	.11163	.294	-.3371	.1023
	广播电视电影	.06126	.14841	.680	-.2309	.3534
广播电视电影	文化艺术	-.10307	.14584	.480	-.3901	.1840
	文化创意及设计	-.17865	.12875	.166	-.4321	.0748
	新闻出版发行	-.06126	.14841	.680	-.3534	.2309

7.5.4 职能间协调依不同企业特征的差异性分析

(1) 依企业成立年限的差异性分析

方差分析结果如表 7-35 所示，F 检验的显著性水平 Sig. 值等于 0.054，大于 0.05，表明成立年限不同的样本企业之间的职能间协调维度没有显著差异。方差齐性检验的 Sig. 值等于 0.952，大于 0.05，说明方差是齐性的。LSD 多重比较分析在齐性方差情况下不适用，因此进行 Games-Howell 分析，结果如表 7-36 所示。结果表明，职能间协调维度依企业成立年限不存在显著差异。

表 7-35　方差分析结果——企业成立年限与职能间协调

	方差和	自由度	均方差	F	显著水平	方差齐性检验	
						Levene 统计	Sig.
组内	2.781	3	.927	2.577	.054		
组间	102.154	284	.360			.114	.952
总计	104.935	287					

表 7-36　G-H 分析结果——企业成立年限与职能间协调

(I) 成立年限	(J) 成立年限	均值差(I-J)	标准误差	显著性	95%置信区间	
					下限	上限
2 年及以下	3~5 年	-.02908	.11420	.994	-.3270	.2688
	6~10 年	-.22438	.10692	.161	-.5038	.0551
	11 年及以上	-.19736	.11199	.297	-.4898	.0951
3~5 年	2 年及以下	.02908	.11420	.994	-.2688	.3270
	6~10 年	-.19530	.09361	.162	-.4384	.0478
	11 年及以上	-.16829	.09936	.331	-.4265	.0900

续表

(I) 成立年限	(J) 成立年限	均值差 (I-J)	标准误差	显著性	95% 置信区间	
					下限	上限
6~10 年	2 年及以下	.22438	.10692	.161	-.0551	.5038
	3~5 年	.19530	.09361	.162	-.0478	.4384
	11 年及以上	.02702	.09089	.991	-.2092	.2633
11 年及以上	2 年及以下	.19736	.11199	.297	-.0951	.4898
	3~5 年	.16829	.09936	.331	-.0900	.4265
	6~10 年	-.02702	.09089	.991	-.2633	.2092

（2）依企业规模的差异性分析

方差分析结果如表 7-37 所示，F 检验的显著性水平 Sig. 值等于 0.002，小于 0.05，说明规模不同的样本企业之间的职能间协调维度存在显著差异。方差齐性检验 Sig. 值等于 0.076，大于 0.05，说明方差是齐性的。LSD 多重比较分析在齐性方差情况下不适用，因此进行 Games-Howell 分析，结果如表 7-38 所示。结果表明，101~300 人规模的样本企业与 50 人以下规模的样本企业及 51~100 人规模样本企业之间的职能间协调维度具有显著差异。

表 7-37　　方差分析结果——企业规模与职能间协调

	方差和	自由度	均方差	F	显著水平	方差齐性检验	
						Levene 统计	Sig.
组内	5.339	3	1.780	5.074	.002		
组间	99.596	284	.351			2.320	.076
总计	104.935	287					

表 7-38　　G-H 分析结果——企业规模与职能间协调

(I) 企业规模	(J) 企业规模	均值差 (I-J)	标准误差	显著性	95% 置信区间	
					下限	上限
50 人及以下	51~100 人	.04157	.09521	.972	-.2067	.2898
	101~300 人	-.29876	.09962	.017	-.5585	-.0390
	301 人及以上	-.13825	.13146	.720	-.4822	.2057
51~100 人	50 人及以下	-.04157	.09521	.972	-.2898	.2067
	101~300 人	-.34034	.08078	.000	-.5502	-.1305
	301 人及以上	-.17982	.11783	.427	-.4897	.1300

续表

(I) 企业规模	(J) 企业规模	均值差(I-J)	标准误差	显著性	95%置信区间	
					下限	上限
101~300人	50人及以下	.29876	.09962	.017	.0390	.5585
	51~100人	.34034	.08078	.000	.1305	.5502
	301人及以上	.16051	.12141	.552	-.1583	.4793
301人及以上	50人及以下	.13825	.13146	.720	-.2057	.4822
	51~100人	.17982	.11783	.427	-.1300	.4897
	101~300人	-.16051	.12141	.552	-.4793	.1583

(3) 依主营业务类型的差异性分析

方差分析结果如表7-39所示，F检验的显著性水平Sig.值等于0.023，小于0.05，表明主营业务类型不同的样本企业之间的职能间协调维度存在显著性差异。方差齐性检验Sig.值等于0.110，大于0.05，说明方差是齐性的。LSD多重比较分析在齐性方差情况下不适用，因此进行Games-Howell分析。分析结果表明，文化创意及设计类样本企业与文化艺术、新闻出版发行类样本企业之间的职能间协调维度具有显著性差异，广播电视电影类样本企业与文化艺术、新闻出版发行类样本企业之间的职能间协调维度具有显著性差异（见表7-40）。

表7-39　　方差分析结果——企业业务类型与职能间协调

	方差和	自由度	均方差	F	显著水平	方差齐性检验	
						Levene统计	Sig.
组内	3.465	3	1.155	3.232	.023		
组间	101.470	284	.357			2.030	.110
总计	104.935	287					

表7-40　　G-H分析结果——企业业务类型与职能间协调

(I) 业务类型	(J) 业务类型	均值差(I-J)	标准误差	显著性	95%置信区间	
					下限	上限
文化艺术	文化创意及设计	-.22553	.08934	.061	-.4581	.0071
	新闻出版发行	-.00822	.09953	1.000	-.2678	.2514
	广播电视电影	-.23875	.12837	.255	-.5770	.0995
文化创意及设计	文化艺术	.22553	.08934	.061	-.0071	.4581
	新闻出版发行	.21731	.08804	.070	-.0121	.4467
	广播电视电影	-.01322	.11969	1.000	-.3302	.3037

续表

(I) 业务类型	(J) 业务类型	均值差 (I-J)	标准误差	显著性	95% 置信区间	
					下限	上限
新闻出版发行	文化艺术	.00822	.09953	1.000	-.2514	.2678
	文化创意及设计	-.21731	.08804	.070	-.4467	.0121
	广播电视电影	-.23053	.12748	.279	-.5666	.1056
广播电视电影	文化艺术	.23875	.12837	.255	-.0995	.5770
	文化创意及设计	.01322	.11969	1.000	-.3037	.3302
	新闻出版发行	.23053	.12748	.279	-.1056	.5666

汇总上述差异性分析结果，可得如表 7-41 所示的四个维度依不同企业特征的差异性分析结果。信息共享、共同决策和职能间协调等三维度依企业规模存在显著差异，职能间协调依业务类型存在显著差异，其他差异不显著。

表 7-41　依不同企业特征的差异性分析结果

	信息共享	共同决策	激励联盟	职能间协调
不同成立年限	无显著差异	无显著差异	无显著差异	无显著差异
不同规模	显著差异	显著差异	无显著差异	显著差异
不同业务类型	无显著差异	无显著差异	无显著差异	显著差异

7.6 本章小结

利用已验证了文化创意产业供应链协调性评价量表，问卷调查获得了有效问卷 288 份。数据分析结果表明，评价量表具有良好的信度和效度。全部样本企业的文化创意产业供应链协调性处于中等略微偏上水平。四个样本城市的文化创意产业供应链协调性从高到低依次是长沙、西安、郑州、北京。分析了文化创意产业供应链信息共享、共同决策、激励联盟、职能间协调四个维度依不同企业特征的差异性。差异性分析结果表明，信息共享、共同决策和职能间协调等三维度依企业规模存在显著差异，职能间协调依业务类型存在显著差异，其他没有显著差异。

第8章 研究结论与展望

本章将概述全书的研究结论，提出研究结论在文化创意企业创新和文化创意产业供应链协调性评价领域的管理意义与启示，指出本研究的局限性，并对未来研究内容进行展望。

8.1 研究结论

8.1.1 有关文化创意企业创新的研究结论

依据全部样本数据，对第2章提出的假设进行了检验，并通过数据差异性分析后，依不同企业特征的分组样本数据进行了分组假设检验，得到如下主要结论。

1）文化创意企业创新直接受知识获取能力、企业外部供应链整合、企业创新氛围、信任、企业内部供应链整合和知识整合能力的正影响。文化创意企业创新的影响因素及影响程度依企业规模和主营业务类型存在显著差异。

基于全部样本数据的结果表明，知识获取能力、企业外部供应链整合、企业创新氛围、信任、企业内部供应链整合和知识整合能力与文化创意企业创新均成正相关，其中，知识获取能力的影响相对最大，而知识整合能力的影响相对最小。依企业规模分组，50 人及以下和 101 ~ 300 人的样本企业，文化创意企业创新受知识获取能力的影响最大，51 ~ 100 人的样本企业受信任的影响最大。依企业主营业务类型分组，创意设计类样本企业的文化创意企业创新受企业创新氛围的影响最大，而媒体类的样本企业受外部供应链整合的影响最大。

2）文化创意企业知识获取能力受人际关系、承诺、企业创新氛围、企业内部供应链整合和外部供应链整合影响，且知识获取能力的影响因素及影响程度依企业成立年限和主营业务类型存在显著差异。

基于全部样本数据的结果表明，人际关系、承诺、企业创新氛围、企业内部供应链整合和供应链整合与文化创意企业知识获取能力均成正相关，其中，人际关系的影响相对最大，而外部供应链整合的影响相对最小。依企业成立年限分组，3 年以下样本企业的知识获取能力受人际关系的影响最大，3 ~ 5 年的样本企业受企业创新氛围的影响最大，6 ~ 10 年的企业受承诺的影响最大。依主营业务类型分组，创意设计类样本企业的知识获取能力受企业创新氛围的影响最大，而媒体类的样本企业受人际关系的影响最大。

3）文化创意企业知识整合能力受信任、承诺、企业外部供应链整合、人际关系和外部环境支持影响，且文化创意企业知识整合能力的影响因素及影响程度依企业成立年限和主营业务类型存在显著差异。

基于全部样本数据的结果表明，信任、承诺、企业外部供应链整合、人际关系、外部环境支持与文化创意企业知识整合能力均成正相关，其中，信任的影响相对最大，而外部支持环境的影响相对最小。依企业成立年限分组，3 年以下样本企业的知识整合能力受承诺的影响最大，3 ~ 5 年的样本企业受信任的影响最大，6 ~ 10 年的样本企业受人际关系的影响最大。依企业业务类型分组，创意设计类样本企业的知识整合能力受外部支持环境的影响最大，而媒体类样本企业受信任的影响最大。

4）文化创意企业内部供应链整合受承诺和人际关系影响，且企业内部供应链整合影响因素及影响程度依企业成立年限和规模存在显著差异。

基于全部样本数据的结果表明，承诺、人际关系与文化创意企业内部供应链整合成正相关，其中，承诺的影响相对更大。依企业成立年限分组，3 年以下和 3 ~ 5 年样本企业的内部供应链整合受人际关系的影响最大，6 ~ 10 年的样本企业受承诺的影响最大。依企业规模分组，50 人及以下样本企业的内部供应链整合受人际关系的影响最大，51～100人和101～300人的样本企业受承诺的影响最大。依业务类型分组，创意设计类和媒体类样本企业的内部供应链整合均受承诺的影响最大。

5）文化创意企业外部供应链整合受承诺、信任和人际关系影响，且外部供应链整合的影响因素及影响程度依企业成立年限、规模和主营业务类型存在显著差异。

基于全部样本数据的结果表明，承诺、信任和人际关系与文化创意企业外部供应链整合均成正相关，其中，承诺的影响相对最大，而人际关系的影响相对最小。依企业成立年限分组，3年以下与6～10年样本企业的外部供应链整合受承诺的影响最大，而3～5年的样本企业受信任的影响最大，且随着企业成立年限的增加，人际关系对企业外部供应链整合的影响逐渐增强。依企业规模分组，50人及以下样本企业的外部供应链整合受承诺的影响最大，而51～100人的样本企业受信任的影响最大，101～300人的样本企业受人际关系影响最大，且随着企业规模的增加，人际关系对企业外部供应链整合的影响逐渐增强。依企业主营业务类型分组，创意设计类样本企业的外部供应链整合受承诺的影响最大，而媒体类企业受信任的影响最大。

8.1.2 有关文化创意产业供应链协调性评价的研究结论

基于对相关研究文献的整理以及分析，结合文化创意产业特点，分析了文化创意产业供应链的网链结构，给出了文化创意产业供应链协调的定义，提出了文化创意产业供应链协调内容及协调性评价内容模型。文化创意产业供应链协调由四个维度构成，分别为信息共享、共同决策、激励联盟及职能间协调。职能间协调是供应链协调的基础，激励联盟是供应链协调的前提，信息共享是供应链协调的关键，共同决策是供应链协调的体现。

以文化创意产业供应链协调性评价内容模型为基础，参考相关文献中的合适量表，结合文化创意产业特点，提出了文化创意产业供应链协调性评价初始量表。对初始量表进行了预测试，根据预测试结果，删除不合格题项后，得到了最终的文化创意产业供应链协调性评价量表，构建了正式调查问卷。

基于预测试后的文化创意产业供应链协调性评价量表，进行了问卷调查并根据有效问卷对我国文化创意产业供应链的协调性进行了综合评价。

评价结果显示，就全部样本而言，我国文化创意产业供应链协调性处于中等略微偏高的水平，供应链协调性四个维度中得分最高的是职能间协调，得分最低的是信息共享。不同城市的文化创意产业供应链协调性从高到低依次是长沙、西安、郑州、北京。对于按企业成立年限划分的 4 组样本，11 年以上年限的样本企业的供应链协调性最高。对于按员工规模划分的 4 组样本，101～300 人规模的样本企业的供应链协调性最高。对于按主营业务类型划分的 4 组样本，从事文化创意及设计类的样本企业的供应链协调性最高。差异性分析结果表明，信息共享、共同决策和职能间协调等三个维度依企业规模存在显著差异，职能间协调依业务类型存在显著差异，其他差异不显著。

8.2 管理意义与启示

8.2.1 对文化创意企业创新的管理意义与启示

本研究建立了文化创意企业创新的理论概念模型，深化和拓展了文化创意企业创新理论。不仅在理论上有一定创新，而且对于文化创意企业创新的管理也具有一定启示意义。

1）知识作为创新的基本源泉，知识获取能力对文化创意企业创新尤其重要。

本研究结果表明，知识获取能力直接影响文化创意企业创新，且知识获取能力受人际关系、承诺、企业创新氛围、企业内部供应链整合、外部供应链整合的影响。因此，为了促进文化创意企业创新，一方面需要协调文化创意企业与其内部供应链和外部供应链之间的关系，建立良好的人际关系和承诺的供应链协调机制，促进知识在文化创意企业内部供应链和外部供应链中的有效传播。其次需要完善文化创意企业的制度，提高领导对创新的支持力度，建设良好的企业创新氛围。另一方面需要加强企业内部供应链和外部供应链的整合，实现企业内部各部门之间和企业与其他供应链成员之间的紧密合作，促进文化创意企业及时、有效获取对创新有利的知识。

2）创新不再是文化创意企业独自能完成的，供应链成员间的合作与协同对企业创新越来越重要。

本研究结果表明，企业外部供应链整合直接影响文化创意企业创新，且企业外部供应链整合受承诺、信任、人际关系的直接影响。因此，为了促进文化创意企业创新，首先，需要文化创意企业采取相应措施提高企业外部供应链整合能力，促进顾客与合作企业参与创意项目，如建立顾客社区、顾客参展企业的创意项目、建立通畅的项目沟通渠道等，可以从不同角度收集创意，提高文化创意产品的市场适应能力，从而最大限度地实现文化创意产品文化价值与经济价值的统一。其次，需要建立良好的供应链企业信息共享机制，促进企业与供应链成员之间实现畅通的沟通与交流。最后，需要完善文化创意企业与供应链成员之间的承诺、信任和人际关系机制，促进合作与协同创新的顺利进行。

3）创新不仅是创意员工的职责，营造良好的创新氛围对于企业创新不可或缺。

本研究结果表明，企业创新氛围直接影响文化创意企业创新。因此，首先需要企业营造自由、宽松的工作环境。与其他领域创新不同，文化创意企业创新注重的是内容创新，体现的是与消费者观念价值的共鸣，文化创意企业创新更注重突发灵感的产生，而自由宽松的企业环境有利于灵感的产生。其次需要完善文化创意企业制度与政策。制定有利于文化创意企业创新的企业制度与政策，能够进一步激发企业员工进行创新，从而增强文化创意企业整体的创新倾向与创新能力。最后需要有效促进或强化文化创意企业的领导者在创新活动中的模范带头作用以及对员工创新的支持。企业领导的模范带头作用能够激发员工的创新热情，激发员工以更大的精力投身于创新活动。

4）提升企业内部各部门之间以及企业与供应链成员之间的信任，促进信任对文化创意企业创新的作用。

本研究结果表明，供应链协调关系中的信任因素直接影响文化创意企业创新。因此，需要文化创意企业内部各部门之间以及企业与供应链成员之间建立良好的信任机制，提高信任强度，以提升企业创新。

5）创新不是文化创意企业某一部门的责任，必须强调企业内部供应链整合，强调企业各部门之间的紧密合作与协同对提高企业创新的重要作用。

本研究结果表明，企业内部供应链整合直接影响文化创意企业创新，且企业内部供应链整合受承诺和人际关系直接影响。因此，首先需要文化创意企业采取相应措施提高企业内部供应链整合能力，在增强企业内部各部门之间承诺和人际关系强度的同时，加快企业信息化建设，实现企业内有效信息共享，以促使企业内部供应链整合的顺利进行。

6）知识整合作为创新的途径之一，其对于文化创意企业创新的重要作用必须加以高度重视。

本研究结果表明，知识整合能力直接影响文化创意企业创新，且知识整合能力受信任、承诺、企业外部供应链整合、人际关系、外部环境支持的影响。因此，为了提高文化创意企业的创新能力，首先，需要协调文化创意企业内部供应链和外部供应链之间的关系，建立良好的信任、承诺、人际关系的供应链协调机制，促进知识在文化创意企业内部供应链和外部供应链中的有效传播。其次，需要加强企业外部供应链的整合，实现企业与其他供应链成员之间的紧密合作，促进文化创意企业有效获取和整合对创新有利的知识。再次，加强文化创意企业与科研单位及政府等机构的合作。科研单位与政府等机构通常掌握这行业的最新动向与趋势，加强文化创意企业与科研单位及政府的合作，能够快速获取和整合对创意项目成败起到决定性作用的知识与信息。最后，需要鼓励企业各部门员工之间进行知识交流。

7）差别化管理在文化创意企业创新的管理领域应该受到重视。

不同的文化创意企业在成立年限、规模、主营业务类型等方面具有差异性，并且这些企业特征对文化创意企业创新、知识获取能力、知识整合能力、企业内部和企业外部供应链整合均具有影响，因此对于不同类型的企业，应该采取差别化的管理方式。就文化创意企业创新而言，50 人及以下和 101～300 人的企业创新受知识获取能力的影响最大，对这些企业需要采取措施最大程度地提高企业自身的知识获取能力，从而促进企业创新。51～100 人的企业创新受供应链协调中的信任因素影响最大，对这些企业需要在企业内部各部门以及与企业外部供应链成员之间建立良好的信任机制，提高信任度。创意设计类企业受企业创新氛围的影响最大，因此在企业内营造良好的创新氛围将大大促进创意设计类企业创新，而媒体类的企业受外部供应链整合的影响最大，这就需要媒体类企业采取有效措施提高企业外部供应链整合能力。

8.2.2 对文化创意产业供应链协调性评价的管理意义与启示

文化创意产业供应链协调量表各项指标 CITC 值均大于 0.3，分别删除各个项目后的 Cronbach'α 系数均小于删除前的 Cronbach'α 系数，量表聚合效度良好；因子载荷均大于 0.5，量表区分效度良好；各协调变量的相关系数均低于 0.4，分变量间低度相关；各分量表的 Cronbach'α 系数均大于 0.6，其中总量表的 Cronbach'α 系数大于 0.9，表明量表的信度良好，具有高可靠性和准确性。上述测试结果证明本研究提出的文化创意产业供应链协调性评价量表有效，可用于评价我国文化创意产业供应链协调性。

我国文化创意产业供应链协调性还处于中等略微偏高水平，供应链协调机制还有待加强。差异性分析结果表明信息共享、共同决策及职能间协调水平随企业规模增加而增加，因此我国文化创意产业供应链协调性低是一个必经过程，随着产业不断发展将有所改善。

8.3

研究局限与展望

8.3.1 有关文化创意企业创新的研究局限与展望

本研究以理论研究为基础，通过文献回顾与定性调查提取了文化创意企业创新的影响因素，分析了各个影响因素对文化创意企业创新的影响程度及影响机理，构建并实证研究了文化创意企业创新的影响因素模型。然而由于著者能力和时间的限制，难免存在一些研究局限。

（1）样本收集存在局限性

因为文化创意企业注册地主要在沿海及经济较发达城市，所以本研究的样本主要来自这些城市，来自内地和经济欠发达城市的样本很少，未能进行不同类别地区的对比研究。

（2）研究对象的分类还比较粗糙

本书根据中国行业协会的标准，将文化创意企业划分为文化艺术、创意设计、媒体与软件和计算机服务四类，每类文化创意企业又可细分为更多子类。由于本研究考虑到操作的可行性，只是将文化创意企业划分为四类进行研究，因此在研究对象上，本研究考虑较为粗糙。

针对上述局限性，将来的研究一方面可以扩大样本的地域性，另一方面可以细分研究对象，从而更准确更全面地在更细分行业搞清楚文化创意企业创新的影响因素和影响机理。

8.3.1　有关文化创意产业供应链协调性评价的研究局限与展望

本研究构建了信效度较高的文化创意产业供应链协调性评价量表，并通过实证获得了一些有价值的结果。然而由于著者能力和时间的限制，难免存在一些研究局限。

（1）收集样本的局限性

由于时间和精力有限，本研究根据地理位置选择了北、中、西、南四个城市作为样本城市，没有选择更多的地区进行调查研究，因此研究结果的适用性可能会有地域性的局限性。

（2）研究对象的局限性

由于文化创意产业包含的范围很广，边界较为模糊，本研究根据国家统计局对文化创意产业的分类标准，将研究对象集中于文化创意产业核心层的四类行业，即文化艺术、文化创意及设计、新闻出版发行服务与广播电视电影服务，没有考虑文化创意产业的外围支持型行业。因此研究对象方面存在一定的局限性。

针对上述局限性，将来的研究一方面可以扩大样本的地域性，另一方面可以增加研究对象的范围，把文化创意产业的外围支持型行业也在内，从而更准确、全面地反映我国文化创意产业供应链协调性现状，并进一步验证协调性评价量表的信效度。此外，本研究没有研究我国文化创意产业供应链协调性的影响因素。将来可以研究我国文化创意产业供应链协调性的影响因素和影响机理，以使文化创意产业供应链协调性的研究更加深入。

附录 1

文化创意企业创新影响因素的开放式调查问卷

尊敬的女士/先生：

您好，本研究旨在遴选文化创意企业创新的主要影响因素，本调查实行匿名方式，回答内容没有对错之分，仅供学术研究之用，恳请您按照真实想法填答。

请您根据您的理解，用至少5个句子描述答案。您觉得影响文化创意企业创新的因素主要有哪些？

答案示例 1：完善的企业制度与政策

答案示例 2：顾客偏好信息的及时获取

①____________________

②____________________

③____________________

④____________________

⑤____________________

⑥____________________

⑦____________________

⑧____________________

请填写您的基本信息：

1. 您的性别是（　　）。

A. 男　　B. 女

2. 你的年龄范围是（　　）。

A. 18～25岁　　B. 26～45岁　　C. 46岁及以上

3. 您的教育程度是（　　）。

A. 高中及以下　　B. 本科或大专　　C. 硕士及以上

4. 您所在企业业务类型（　　）。

A. 文化艺术（表演艺术、视觉艺术、音乐创作等）

B. 创意设计（服装设计、广告设计、建筑设计等）

C. 媒体（出版、电影、电视与广播等）

D. 软件及计算机服务

附录 2

文化创意企业创新影响因素研究正式调查问卷

尊敬的先生/女士：

您好！非常感谢您在百忙之中抽出时间填写此问卷。本问卷主要针对**几乎自企业成立起就在该企业工作（企业成立年限<4 年）**和**在该企业工作4 年及以上（企业成立年限≥4 年）**的**创意员工**进行调研。本问卷以不记名方式进行调查，我们承诺对所有的问卷反馈只用于学术研究，而未有任何商业目的，因此填写这份问卷不会给您及贵公司带来任何负面影响。此项调查旨在了解影响文化创意企业创新的因素，研究结论对有效提高文化创意企业的创新能力，促进文化创意企业的发展具有一定的意义。

××大学×学院

请您根据贵公司的实际情况，针对下述选项，在相应的选项中打"√"，选项数字的含义如下：1：非常不同意；2：不同意；3：不能确定；4：基本同意；5：非常同意。

编号及项目		您的观点				
A1	我公司鼓励员工采用新的方法解决问题	1	2	3	4	5
B1	我国政府已制定了有利于文化创意企业发展的政策	1	2	3	4	5
C1	我公司能积极主动地搜集并采纳好的工作方案	1	2	3	4	5

续表

编号及项目		您的观点				
D1	我公司员工相信与同事交流比单独工作更能推动（创意）项目的发展和创新	1	2	3	4	5
E1	在重要决策时刻，我公司与合作伙伴会考虑到对方的利益	1	2	3	4	5
F1	我公司与合作伙伴之间彼此忠诚	1	2	3	4	5
G1	合作伙伴对我公司较为了解	1	2	3	4	5
H1	我公司利用信息网络整合不同部门的数据信息	1	2	3	4	5
I1	我公司与主要合作伙伴建立了长期合作关系	1	2	3	4	5
J1	我公司会不断搜寻新的产品创意	1	2	3	4	5
A2	我公司领导是创新工作的榜样	1	2	3	4	5
B2	我国已经形成了有利于文化创意企业发展的法律体系	1	2	3	4	5
C2	我公司能够持续搜集与经营有关的经济信息	1	2	3	4	5
D2	每天工作结束后，我公司员工能在和同事交流过程中学到新知识	1	2	3	4	5
E2	在重大事情上，我公司与合作伙伴能够获得对方的支持	1	2	3	4	5
F2	我公司与合作伙伴都在不断寻找新的合作伙伴	1	2	3	4	5
G2	我公司与合作伙伴之间关系密切	1	2	3	4	5
H2	我公司定期召开跨部门会议	1	2	3	4	5
I2	我公司通过信息技术与合作伙伴及顾客进行信息共享	1	2	3	4	5
J2	我公司常常能成功开发优秀的创意	1	2	3	4	5
A3	我公司员工之间能够自由、开放地交流	1	2	3	4	5
B3	我公司有丰富的融资渠道	1	2	3	4	5
C3	我公司基于已核实的市场需求进行创意开发	1	2	3	4	5
D3	我公司员工能积极通过与同事之间的交流互动来解决问题	1	2	3	4	5
E3	我公司与合作伙伴常为对方提供不确切的信息	1	2	3	4	5
F3	我公司与合作伙伴之间会长期合作	1	2	3	4	5
G3	我公司与合作伙伴交流广泛	1	2	3	4	5
H3	我公司建立了产品设计、制作、销售等部门在线交流系统	1	2	3	4	5
I3	主要合作伙伴及顾客能够参与我公司的产品设计及制作	1	2	3	4	5
J3	我公司会鼓励员工进行创意开发	1	2	3	4	5
A4	我公司员工能有效获取（创意）工作需要的资源	1	2	3	4	5
B4	我公司与科研单位之间有密切合作	1	2	3	4	5
C4	我公司会经常评估工作的可行性	1	2	3	4	5
D4	我公司员工非常愿意与同事交流	1	2	3	4	5

续表

编号及项目		您的观点				
E4	我公司与合作伙伴彼此之间始终信守承诺	1	2	3	4	5
F4	我公司与合作伙伴会相互提供能提高业绩的资源	1	2	3	4	5
G4	我公司不同部门员工之间交流广泛	1	2	3	4	5
H4	我公司财务、营销等部门员工非常熟悉产品的设计、制作	1	2	3	4	5
I4	我公司定期与合作伙伴及顾客沟通与交流	1	2	3	4	5
J4	我公司会为创意的实施制定了良好的规划	1	2	3	4	5
A5	我公司有许多妨碍创意工作的制度和政策	1	2	3	4	5
B5	我公司得到了政府部门的大力支持	1	2	3	4	5
E5	我公司与合作伙伴之间由衷地信赖对方	1	2	3	4	5
F5	我公司所有部门会全力配合以提高彼此的绩效	1	2	3	4	5
G5	我公司不同部门员工之间关系密切	1	2	3	4	5
I5	我公司很重视顾客反馈	1	2	3	4	5
J5	我公司属于创新型企业	1	2	3	4	5
E8	在有需要时，我公司各部门员工之间会相互帮助	1	2	3	4	5
A6	我公司员工经常需要在短时间内完成大量工作	1	2	3	4	5
E6	我公司各部门员工之间由衷地相互信赖	1	2	3	4	5
F6	即使我公司某一部门的行为致使其他部门陷入困境，其他部门仍然相信该部门	1	2	3	4	5
E7	我公司所有部门员工常为其他部门员工提供不确切信息	1	2	3	4	5

请填写您及贵公司的基本信息：

1. 贵公司的成立年限是（　　）。

A. 3 年以下　　B. 3～5 年　　C. 6～10 年

D. 11～15 年　　E. 16 年及以上

2. 贵公司员工规模是（　　）。

A. 50 人及以下　　B. 51～100 人　　C. 101～300 人

D. 301～500 人　　E. 501 人及以上

3. 贵公司经营业务是（　　）。

A. 文化艺术（表演艺术、视觉艺术、音乐创作等）

B. 创意设计（服装设计、广告设计、建筑设计等）

C. 媒体（出版、电影、电视与广播等）

D. 软件及计算机服务

4. 您的性别是（　　）。

A. 男　　　　　B. 女

5. 您在贵公司工作的年限是（　　）。

A. 几乎自从公司成立起，我就在这家公司工作

B. 4 年及以上

问卷到此结束，请您检查是否有题项遗漏，感谢您的支持与合作！

附录3

文化创意企业创新数据分析结果

表1　　文化创意企业创新数据描述性分析结果

分组	组别	均值	标准差	方差	均值的标准误差
按企业成立年限	3年以下	3.8338	.78967	.624	.08999
	3～5年	3.7813	.95453	.911	.06700
	6～10年	3.8316	.87968	.774	.07628
	11～15年	3.7192	.93830	.880	.13012
	16年及以上	3.9813	.50422	.254	.05822
按企业规模	50人及以下	3.7521	.75811	.575	.05938
	51～100人	3.7704	.84092	.707	.08092
	101～300人	3.9483	1.03138	1.064	.09576
	301～500人	3.5733	1.10129	1.213	.14218
	501人及以上	4.0129	.54598	.298	.05662
按企业业务类型	文化艺术	4.1296	.74045	.548	.07125
	创意设计	3.6096	.89285	.797	.08755
	媒体	3.9448	1.02338	1.047	.09987
	计算机及软件服务	3.7166	.76949	.592	.05153
总计		3.8230	.86159	.742	.03708

表 2　　知识获取能力数据描述性分析结果

分组	组别	均值	标准差	方差	均值的标准误差
按企业成立年限	3 年以下	3.8864	.86749	.753	.09886
	3～5 年	3.7943	.81781	.669	.05740
	6～10 年	3.7444	.84749	.718	.07349
	11～15 年	3.5913	.79986	.640	.11092
	16 年及以上	4.1267	.57741	.333	.06667
按企业规模	50 人及以下	3.7945	.72165	.521	.05652
	51～100 人	3.7917	.81207	.659	.07814
	101～300 人	3.8103	.97335	.947	.09037
	301～500 人	3.7042	.87150	.760	.11251
	501 人及以上	3.9946	.68264	.466	.07079
按企业业务类型	文化艺术	3.9884	.59238	.351	.05700
	创意设计	3.6731	.83831	.703	.08220
	媒体	3.9833	.89488	.801	.08733
	计算机及软件服务	3.7343	.82867	.687	.05549
总计		3.8218	.81202	.659	.03494

表 3　　知识整合能力数据描述性分析结果

分组	组别	均值	标准差	方差	均值的标准误差
按企业成立年限	3 年以下	3.9123	.76816	.590	.08754
	3～5 年	3.7328	.91316	.834	.06409
	6～10 年	3.8891	.82996	.689	.07197
	11～15 年	3.9952	.80818	.653	.11208
	16 年及以上	4.1967	.58166	.338	.06716
按企业规模	50 人及以下	3.8466	.76443	.584	.05987
	51～100 人	3.8750	.71654	.513	.06895
	101～300 人	3.8405	.94489	.893	.08773
	301～500 人	3.7708	1.14360	1.308	.14764
	501 人及以上	4.1022	.66065	.436	.06851
按企业业务类型	文化艺术	4.1111	.72773	.530	.07003
	创意设计	3.6659	.86154	.742	.08448
	媒体	3.9571	1.01163	1.023	.09872
	计算机及软件服务	3.8475	.74832	.560	.05011
总计		3.8866	.83437	.696	.03591

表 4　　企业创新氛围数据描述性分析结果

分组	组别	均值	标准差	方差	均值的标准误差
按企业成立年限	3 年以下	3.5329	.63366	.402	.07221
	3～5 年	3.3506	.49540	.245	.03477
	6～10 年	3.2234	.66743	.445	.05787
	11～15 年	3.1121	.68541	.470	.09505
	16 年及以上	3.3583	.54608	.298	.06306
按企业规模	50 人及以下	3.3579	.67040	.449	.05251
	51～100 人	3.2599	.57975	.336	.05579
	101～300 人	3.4097	.47822	.229	.04440
	301～500 人	3.1048	.62773	.394	.08104
	501 人及以上	3.3697	.56443	.319	.05853
按企业业务类型	文化艺术	3.4969	.49513	.245	.04764
	创意设计	3.1208	.66508	.442	.06522
	媒体	3.3795	.57134	.326	.05576
	计算机及软件服务	3.3074	.59481	.354	.03983
总计		3.3234	.59713	.357	.02570

表 5　　外部支持环境数据描述性分析结果

分组	组别	均值	标准差	方差	均值的标准误差
按企业成立年限	3 年以下	3.4000	.77324	.598	.08812
	3～5 年	3.4650	.89249	.797	.06264
	6～10 年	3.3549	.76934	.592	.06671
	11～15 年	3.1846	.77292	.597	.10718
	16 年及以上	3.6960	.51921	.270	.05995
按企业规模	50 人及以下	3.0883	.78790	.621	.06171
	51～100 人	3.6389	.70748	.501	.06808
	101～300 人	3.4776	.83729	.701	.07774
	301～500 人	3.3833	.75401	.569	.09734
	501 人及以上	3.7785	.66494	.442	.06895
按企业业务类型	文化艺术	3.6926	.78320	.613	.07536
	创意设计	3.0385	.74941	.562	.07349
	媒体	3.4590	.79126	.626	.07722
	计算机及软件服务	3.4807	.77036	.593	.05159
总计		3.4337	.79933	.639	.03440

表 6　　企业内部供应链整合数据描述性分析结果

分组	组别	均值	标准差	方差	均值的标准误差
按企业成立年限	3 年以下	3. 7045	. 89931	. 809	. 10249
	3 ~ 5 年	3. 6749	. 89565	. 802	. 06286
	6 ~ 10 年	3. 6898	. 90879	. 826	. 07880
	11 ~ 15 年	3. 4471	. 90794	. 824	. 12591
	16 年及以上	4. 0767	. 57241	. 328	. 06610
按企业规模	50 人及以下	3. 5506	. 84170	. 708	. 06593
	51 ~ 100 人	3. 8148	. 87299	. 762	. 08400
	101 ~ 300 人	3. 7414	1. 07690	1. 160	. 09999
	301 ~ 500 人	3. 5500	. 82055	. 673	. 10593
	501 人及以上	3. 9704	. 57205	. 327	. 05932
按企业业务类型	文化艺术	3. 7824	. 81465	. 664	. 07839
	创意设计	3. 3317	1. 02247	1. 045	. 10026
	媒体	4. 0571	. 81398	. 663	. 07944
	计算机及软件服务	3. 7040	. 78583	. 618	. 05262
总计		3. 7167	. 87511	. 766	. 03766

表 7　　企业外部供应链数据整合描述性分析结果

分组	组别	均值	标准差	方差	均值的标准误差
按企业成立年限	3 年以下	4. 0130	. 60814	. 370	. 06930
	3 ~ 5 年	3. 8187	. 85865	. 737	. 06027
	6 ~ 10 年	3. 9714	. 84249	. 710	. 07305
	11 ~ 15 年	3. 8308	. 94174	. 887	. 13060
	16 年及以上	4. 1440	. 57569	. 331	. 06647
按企业规模	50 人及以下	3. 8135	. 70593	. 498	. 05529
	51 ~ 100 人	3. 9574	. 70515	. 497	. 06785
	101 ~ 300 人	3. 8466	1. 00999	1. 020	. 09377
	301 ~ 500 人	4. 0000	1. 06150	1. 127	. 13704
	501 人及以上	4. 1634	. 48360	. 234	. 05015
按企业业务类型	文化艺术	4. 1500	. 73019	. 533	. 07026
	创意设计	3. 7481	. 89616	. 803	. 08788
	媒体	4. 0743	. 89540	. 802	. 08738
	计算机及软件服务	3. 8413	. 71010	. 504	. 04755
总计		3. 9304	. 80317	. 645	. 03456

表 8　　信任数据描述性分析结果

分组	组别	均值	标准差	方差	均值的标准误差
按企业成立年限	3 年以下	3.6809	.55726	.311	.06351
	3~5 年	3.5813	.65532	.429	.04599
	6~10 年	3.6550	.60409	.365	.05238
	11~15 年	3.6779	.67790	.460	.09401
	16 年及以上	3.6351	.43803	.192	.05058
按企业规模	50 人及以下	3.6338	.60032	.360	.04702
	51~100 人	3.6183	.49605	.246	.04773
	101~300 人	3.6746	.76239	.581	.07079
	301~500 人	3.5400	.70424	.496	.09092
	501 人及以上	3.6418	.41018	.168	.04253
按企业业务类型	文化艺术	3.8886	.59007	.348	.05678
	创意设计	3.4290	.64169	.412	.06292
	媒体	3.6648	.63465	.403	.06194
	计算机及软件服务	3.5831	.53459	.286	.03580
总计		3.6304	.60462	.366	.02602

表 9　　承诺数据描述性分析结果

分组	组别	均值	标准差	方差	均值的标准误差
按企业成立年限	3 年以下	3.7661	.73371	.538	.08361
	3~5 年	3.5936	.73140	.535	.05133
	6~10 年	3.7246	.77315	.598	.06704
	11~15 年	3.7329	.92610	.858	.12843
	16 年及以上	4.0641	.33102	.110	.03822
按企业规模	50 人及以下	3.6888	.60321	.364	.04725
	51~100 人	3.6056	.64702	.419	.06226
	101~300 人	3.7312	.96797	.937	.08987
	301~500 人	3.6255	.85102	.724	.10987
	501 人及以上	4.0081	.55134	.304	.05717
按企业业务类型	文化艺术	3.8466	.58609	.344	.05640
	创意设计	3.5486	.80827	.653	.07926
	媒体	3.8635	.77647	.603	.07578
	计算机及软件服务	3.6934	.72960	.532	.04886
总计		3.7292	.73601	.542	.03167

表 10　人际关系数据描述性分析结果

分组	组别	均值	标准差	方差	均值的标准误差
按企业成立年限	3 年以下	3.7792	.85137	.725	.09702
	3～5 年	3.6847	.80709	.651	.05665
	6～10 年	3.7128	.85753	.735	.07436
	11～15 年	3.5731	.92971	.864	.12893
	16 年及以上	3.9413	.53400	.285	.06166
按企业规模	50 人及以下	3.6368	.74577	.556	.05841
	51～100 人	3.7907	.67499	.456	.06495
	101～300 人	3.7362	1.04427	1.091	.09696
	301～500 人	3.6867	.87710	.769	.11323
	501 人及以上	3.8430	.67105	.450	.06958
按企业业务类型	文化艺术	4.0130	.65469	.429	.06300
	创意设计	3.4269	.92602	.858	.09080
	媒体	3.8610	.75962	.577	.07413
	计算机及软件服务	3.6726	.79203	.627	.05304
总计		3.7300	.81064	.657	.03488

表 11　LSD 多重比较分析结果——企业成立年限与文化创意企业创新

(I) 成立年限	(J) 成立年限	均值差 (I－J)	标准误差	显著性	95%置信区间	
					下限	上限
3 年以下	3～5 年	.05249	.11534	.649	－.1741	.2791
	6～10 年	.00219	.12340	.986	－.2402	.2446
	11～15 年	.11454	.15468	.459	－.1893	.4184
	16 年及以上	－.14757	.13981	.292	－.4222	.1271
3～5 年	3 年以下	－.05249	.11534	.649	－.2791	.1741
	6～10 年	－.05030	.09613	.601	－.2391	.1385
	11～15 年	.06205	.13394	.643	－.2011	.3252
	16 年及以上	－.20005	.11645	.086	－.4288	.0287
6～10 年	3 年以下	－.00219	.12340	.986	－.2446	.2402
	3～5 年	.05030	.09613	.601	－.1385	.2391
	11～15 年	.11235	.14094	.426	－.1645	.3892
	16 年及以上	－.14975	.12444	.229	－.3942	.0947

续表

(I) 成立年限	(J) 成立年限	均值差 (I-J)	标准误差	显著性	95%置信区间	
					下限	上限
11~15年	3年以下	-.11454	.15468	.459	-.4184	.1893
	3~5年	-.06205	.13394	.643	-.3252	.2011
	6~10年	-.11235	.14094	.426	-.3892	.1645
	16年及以上	-.26210	.15551	.092	-.5676	.0434
16年及以上	3年以下	.14757	.13981	.292	-.1271	.4222
	3~5年	.20005	.11645	.086	-.0287	.4288
	6~10年	.14975	.12444	.229	-.0947	.3942
	11~15年	.26210	.15551	.092	-.0434	.5676

表12　LSD多重比较分析结果——企业规模与文化创意企业创新

(I) 企业规模	(J) 企业规模	均值差 (I-J)	标准误差	显著性	95%置信区间	
					下限	上限
50人及以下	51~100人	-.01822	.10595	.863	-.2263	.1899
	101~300人	-.19613	.10372	.059	-.3999	.0076
	301~500人	.17881	.12894	.166	-.0745	.4321
	501人及以上	-.26076*	.11097	.019	-.4787	-.0428
51~100人	50人及以下	.01822	.10595	.863	-.1899	.2263
	101~300人	-.17791	.11418	.120	-.4022	.0464
	301~500人	.19704	.13749	.152	-.0730	.4671
	501人及以上	-.24253*	.12079	.045	-.4798	-.0052
101~300人	50人及以下	.19613	.10372	.059	-.0076	.3999
	51~100人	.17791	.11418	.120	-.0464	.4022
	301~500人	.37494*	.13579	.006	.1082	.6417
	501人及以上	-.06463	.11885	.587	-.2981	.1688
301~500人	50人及以下	-.17881	.12894	.166	-.4321	.0745
	51~100人	-.19704	.13749	.152	-.4671	.0730
	101~300人	-.37494*	.13579	.006	-.6417	-.1082
	501人及以上	-.43957*	.14139	.002	-.7173	-.1618
501人及以上	50人及以下	.26076*	.11097	.019	.0428	.4787
	51~100人	.24253*	.12079	.045	.0052	.4798
	101~300人	.06463	.11885	.587	-.1688	.2981
	301~500人	.43957*	.14139	.002	.1618	.7173

* P = 0.05

表 13 LSD 多重比较分析结果——业务类型与文化创意企业创新

(I) 业务类型	(J) 业务类型	均值差 (I-J)	标准误差	显著性	95% 置信区间	
					下限	上限
文化艺术	创意设计	.52001 *	.11585	.000	.2924	.7476
	媒体	.18487	.11557	.110	-.0422	.4119
	软件及计算机服务	.41304 *	.09886	.000	.2188	.6072
创意设计	文化艺术	-.52001 *	.11585	.000	-.7476	-.2924
	媒体	-.33515 *	.11666	.004	-.5643	-.1060
	软件及计算机服务	-.10698	.10013	.286	-.3037	.0897
媒体	文化艺术	-.18487	.11557	.110	-.4119	.0422
	创意设计	.33515 *	.11666	.004	.1060	.5643
	软件及计算机服务	.22817 *	.09980	.023	.0321	.4242
软件及计算机服务	文化艺术	-.41304 *	.09886	.000	-.6072	-.2188
	创意设计	.10698	.10013	.286	-.0897	.3037
	媒体	-.22817 *	.09980	.023	-.4242	-.0321

* P = 0.05

表 14 LSD 多重比较分析结果——企业成立年限与知识获取能力

(I) 成立年限	(J) 成立年限	均值差 (I-J)	标准误差	显著性	95% 置信区间	
					下限	上限
3 年以下	3~5 年	.09203	.10738	.392	-.1189	.3030
	6~10 年	.14200	.11489	.217	-.0837	.3677
	11~15 年	.29502 *	.14401	.041	.0121	.5779
	16 年及以上	-.24030	.13017	.065	-.4960	.0154
3~5 年	3 年以下	-.09203	.10738	.392	-.3030	.1189
	6~10 年	.04997	.08951	.577	-.1259	.2258
	11~15 年	.20299	.12470	.104	-.0420	.4480
	16 年及以上	-.33233 *	.10842	.002	-.5453	-.1194
6~10 年	3 年以下	-.14200	.11489	.217	-.3677	.0837
	3~5 年	-.04997	.08951	.577	-.2258	.1259
	11~15 年	.15301	.13122	.244	-.1048	.4108
	16 年及以上	-.38231 *	.11586	.001	-.6099	-.1547
11~15 年	3 年以下	-.29502 *	.14401	.041	-.5779	-.0121
	3~5 年	-.20299	.12470	.104	-.4480	.0420
	6~10 年	-.15301	.13122	.244	-.4108	.1048
	16 年及以上	-.53532 *	.14479	.000	-.8197	-.2509

续表

(I) 成立年限	(J) 成立年限	均值差 (I－J)	标准误差	显著性	95%置信区间	
					下限	上限
16 年及以上	3 年以下	.24030	.13017	.065	－.0154	.4960
	3～5 年	.33233*	.10842	.002	.1194	.5453
	6～10 年	.38231*	.11586	.001	.1547	.6099
	11～15 年	.53532*	.14479	.000	.2509	.8197

* P＝0.05

表 15　LSD 多重比较分析结果——企业规模与知识获取能力

(I) 企业规模	(J) 企业规模	均值差 (I－J)	标准误差	显著性	95%置信区间	
					下限	上限
50 人及以下	51～100 人	.00281	.10058	.978	－.1948	.2004
	101～300 人	－.01587	.09847	.872	－.2093	.1776
	301～500 人	.09031	.12241	.461	－.1501	.3308
	501 人及以上	－.20015	.10534	.058	－.4071	.0068
51～100 人	50 人及以下	－.00281	.10058	.978	－.2004	.1948
	101～300 人	－.01868	.10839	.863	－.2316	.1943
	301～500 人	.08750	.13052	.503	－.1689	.3439
	501 人及以上	－.20296	.11468	.077	－.4282	.0223
101～300 人	50 人及以下	.01587	.09847	.872	－.1776	.2093
	51～100 人	.01868	.10839	.863	－.1943	.2316
	301～500 人	.10618	.12891	.410	－.1470	.3594
	501 人及以上	－.18428	.11283	.103	－.4059	.0374
301～500 人	50 人及以下	－.09031	.12241	.461	－.3308	.1501
	51～100 人	－.08750	.13052	.503	－.3439	.1689
	101～300 人	－.10618	.12891	.410	－.3594	.1470
	501 人及以上	－.29046*	.13423	.031	－.5541	－.0268
501 人及以上	50 人及以下	.20015	.10534	.058	－.0068	.4071
	51～100 人	.20296	.11468	.077	－.0223	.4282
	101～300 人	.18428	.11283	.103	－.0374	.4059
	301～500 人	.29046	.13423	.081	.0268	.5541

* P＝0.05

表16 LSD多重比较分析结果——业务类型与知识获取能力

(I) 业务类型	(J) 业务类型	均值差 (I-J)	标准误差	显著性	95%置信区间	
					下限	上限
文化艺术	创意设计	.31535*	.11033	.004	.0986	.5321
	媒体	.00509	.11006	.963	-.2111	.2213
	软件及计算机服务	.25412*	.09414	.007	.0692	.4391
创意设计	文化艺术	-.31535*	.11033	.004	-.5321	-.0986
	媒体	-.31026*	.11110	.005	-.5285	-.0920
	软件及计算机服务	-.06123	.09536	.521	-.2485	.1261
媒体	文化艺术	-.00509	.11006	.963	-.2213	.2111
	创意设计	.31026*	.11110	.005	.0920	.5285
	软件及计算机服务	.24903*	.09505	.009	.0623	.4357
软件及计算机服务	文化艺术	-.25412*	.09414	.007	-.4391	-.0692
	创意设计	.06123	.09536	.521	-.1261	.2485
	媒体	-.24903*	.09505	.009	-.4357	-.0623

* P=0.05

表17 LSD多重比较分析结果——企业成立年限与知识整合能力

(I) 成立年限	(J) 成立年限	均值差 (I-J)	标准误差	显著性	95%置信区间	
					下限	上限
3年以下	3~5年	.17958	.11018	.104	-.0369	.3960
	6~10年	.02324	.11788	.844	-.2083	.2548
	11~15年	-.08285	.14776	.575	-.3731	.2074
	16年及以上	-.28433*	.13355	.034	-.5467	-.0220
3~5年	3年以下	-.17958	.11018	.104	-.3960	.0369
	6~10年	-.15634	.09184	.089	-.3367	.0241
	11~15年	-.26243*	.12795	.041	-.5138	-.0111
	16年及以上	-.46391*	.11124	.000	-.6824	-.2454
6~10年	3年以下	-.02324	.11788	.844	-.2548	.2083
	3~5年	.15634	.09184	.089	-.0241	.3367
	11~15年	-.10609	.13464	.431	-.3706	.1584
	16年及以上	-.30757*	.11887	.010	-.5411	-.0741
11~15年	3年以下	.08285	.14776	.575	-.2074	.3731
	3~5年	.26243*	.12795	.041	.0111	.5138
	6~10年	.10609	.13464	.431	-.1584	.3706
	16年及以上	-.20147	.14855	.176	-.4933	.0903

续表

(I) 成立年限	(J) 成立年限	均值差 (I-J)	标准误差	显著性	95%置信区间	
					下限	上限
16年及以上	3年以下	.28433*	.13355	.034	.0220	.5467
	3~5年	.46391*	.11124	.000	.2454	.6824
	6~10年	.30757*	.11887	.010	.0741	.5411
	11~15年	.20147	.14855	.176	-.0903	.4933

* P=0.05

表18　LSD多重比较分析结果——企业规模与知识整合能力

(I) 企业规模	(J) 企业规模	均值差 (I-J)	标准误差	显著性	95%置信区间	
					下限	上限
50人及以下	51~100人	-.02837	.10313	.783	-.2310	.1742
	101~300人	.00611	.10096	.952	-.1922	.2044
	301~500人	.07579	.12551	.546	-.1708	.3223
	501人及以上	-.25552	.10801	.418	-.4677	-.0433
51~100人	50人及以下	.02837	.10313	.783	-.1742	.2310
	101~300人	.03448	.11114	.756	-.1838	.2528
	301~500人	.10417	.13383	.437	-.1587	.3671
	501人及以上	-.22715	.11758	.154	-.4581	.0038
101~300人	50人及以下	-.00611	.10096	.952	-.2044	.1922
	51~100人	-.03448	.11114	.756	-.2528	.1838
	301~500人	.06968	.13217	.598	-.1900	.3293
	501人及以上	-.26163	.11569	.824	-.4889	-.0344
301~500人	50人及以下	-.07579	.12551	.546	-.3223	.1708
	51~100人	-.10417	.13383	.437	-.3671	.1587
	101~300人	-.06968	.13217	.598	-.3293	.1900
	501人及以上	-.33132	.13763	.516	-.6017	-.0610
501人及以上	50人及以下	.25552	.10801	.418	.0433	.4677
	51~100人	.22715	.11758	.154	-.0038	.4581
	101~300人	.26163	.11569	.824	.0344	.4889
	301~500人	.33132	.13763	.516	.0610	.6017

* P=0.05

表 19　　LSD 多重比较分析结果——业务类型与知识整合能力

(I) 业务类型	(J) 业务类型	均值差(I-J)	标准误差	显著性	95% 置信区间	
					下限	上限
文化艺术	创意设计	.44525*	.11320	.000	.2229	.6676
	媒体	.15397	.11292	.173	-.0679	.3758
	软件及计算机服务	.26358*	.09659	.007	.0738	.4533
创意设计	文化艺术	-.44525*	.11320	.000	-.6676	-.2229
	媒体	-.29128*	.11399	.011	-.5152	-.0674
	软件及计算机服务	-.18167	.09783	.064	-.3739	.0105
媒体	文化艺术	-.15397	.11292	.173	-.3758	.0679
	创意设计	.29128*	.11399	.011	.0674	.5152
	软件及计算机服务	.10961	.09752	.262	-.0820	.3012
软件及计算机服务	文化艺术	-.26358*	.09659	.007	-.4533	-.0738
	创意设计	.18167	.09783	.064	-.0105	.3739
	媒体	-.10961	.09752	.262	-.3012	.0820

* P = 0.05

表 20　LSD 多重比较分析结果——企业成立年限与企业内部供应链整合

(I) 成立年限	(J) 成立年限	均值差(I-J)	标准误差	显著性	95% 置信区间	
					下限	上限
3 年以下	3~5 年	.02967	.11556	.797	-.1973	.2567
	6~10 年	.01470	.12364	.905	-.2282	.2576
	11~15 年	.25743	.15497	.097	-.0470	.5619
	16 年及以上	-.37212*	.14007	.008	-.6473	-.0970
3~5 年	3 年以下	-.02967	.11556	.797	-.2567	.1973
	6~10 年	-.01497	.09632	.877	-.2042	.1742
	11~15 年	.22776	.13419	.090	-.0358	.4914
	16 年及以上	-.40179*	.11667	.001	-.6310	-.1726
6~10 年	3 年以下	-.01470	.12364	.905	-.2576	.2282
	3~5 年	.01497	.09632	.877	-.1742	.2042
	11~15 年	.24273	.14121	.086	-.0347	.5201
	16 年及以上	-.38682*	.12468	.002	-.6317	-.1419
11~15 年	3 年以下	-.25743	.15497	.097	-.5619	.0470
	3~5 年	-.22776	.13419	.090	-.4914	.0358
	6~10 年	-.24273	.14121	.086	-.5201	.0347
	16 年及以上	-.62955*	.15580	.000	-.9356	-.3235

续表

(I) 成立年限	(J) 成立年限	均值差 (I－J)	标准误差	显著性	95%置信区间	
					下限	上限
16年及以上	3年以下	.37212*	.14007	.008	.0970	.6473
	3～5年	.40179*	.11667	.001	.1726	.6310
	6～10年	.38682*	.12468	.002	.1419	.6317
	11～15年	.62955*	.15580	.000	.3235	.9356

＊ P＝0.05

表21　LSD多重比较分析结果——企业规模与企业内部供应链整合

(I) 企业规模	(J) 企业规模	均值差 (I－J)	标准误差	显著性	95%置信区间	
					下限	上限
50人及以下	51～100人	－.26420*	.10722	.014	－.4748	－.0536
	101～300人	－.19077	.10497	.070	－.3970	.0154
	301～500人	.00061	.13049	.996	－.2557	.2569
	501人及以上	－.41982*	.11230	.000	－.6404	－.1992
51～100人	50人及以下	.26420*	.10722	.014	.0536	.4748
	101～300人	.07344	.11555	.525	－.1536	.3004
	301～500人	.26481	.13914	.058	－.0085	.5381
	501人及以上	－.15562	.12225	.204	－.3958	.0845
101～300人	50人及以下	.19077	.10497	.070	－.0154	.3970
	51～100人	－.07344	.11555	.525	－.3004	.1536
	301～500人	.19138	.13742	.164	－.0786	.4613
	501人及以上	－.22905	.12028	.057	－.4653	.0072
301～500人	50人及以下	－.00061	.13049	.996	－.2569	.2557
	51～100人	－.26481	.13914	.058	－.5381	.0085
	101～300人	－.19138	.13742	.164	－.4613	.0786
	501人及以上	－.42043*	.14309	.003	－.7015	－.1393
501人及以上	50人及以下	.41982*	.11230	.000	.1992	.6404
	51～100人	.15562	.12225	.204	－.0845	.3958
	101～300人	.22905	.12028	.057	－.0072	.4653
	301～500人	.42043*	.14309	.003	.1393	.7015

＊ P＝0.05

表 22 LSD 多重比较分析结果——业务类型与企业内部供应链整合

(I) 业务类型	(J) 业务类型	均值差(I-J)	标准误差	显著性	95% 置信区间	
					下限	上限
文化艺术	创意设计	.45068*	.11639	.000	.2220	.6793
	媒体	-.27474*	.11611	.018	-.5028	-.0467
	软件及计算机服务	.07837	.09932	.430	-.1167	.2735
创意设计	文化艺术	-.45068*	.11639	.000	-.6793	-.2220
	媒体	-.72541*	.11720	.000	-.9556	-.4952
	软件及计算机服务	-.37231*	.10060	.000	-.5699	-.1747
媒体	文化艺术	.27474*	.11611	.018	.0467	.5028
	创意设计	.72541*	.11720	.000	.4952	.9556
	软件及计算机服务	.35311*	.10027	.000	.1561	.5501
软件及计算机服务	文化艺术	-.07837	.09932	.430	-.2735	.1167
	创意设计	.37231*	.10060	.000	.1747	.5699
	媒体	-.35311*	.10027	.000	-.5501	-.1561

* P=0.05

表 23 LSD 多重比较分析结果——企业成立年限与企业外部供应链整合

(I) 成立年限	(J) 成立年限	均值差(I-J)	标准误差	显著性	95% 置信区间	
					下限	上限
3 年以下	3~5 年	.19427	.10677	.069	-.0155	.4040
	6~10 年	.04156	.11424	.716	-.1829	.2660
	11~15 年	.18222	.14319	.204	-.0991	.4635
	16 年及以上	-.13101	.12942	.312	-.3853	.1232
3~5 年	3 年以下	-.19427	.10677	.069	-.4040	.0155
	6~10 年	-.15271	.08900	.087	-.3275	.0221
	11~15 年	-.01205	.12399	.923	-.2556	.2315
	16 年及以上	-.32528*	.10780	.003	-.5370	-.1135
6~10 年	3 年以下	-.04156	.11424	.716	-.2660	.1829
	3~5 年	.15271	.08900	.087	-.0221	.3275
	11~15 年	.14066	.13048	.281	-.1156	.3970
	16 年及以上	-.17257	.11520	.135	-.3989	.0537
11~15 年	3 年以下	-.18222	.14319	.204	-.4635	.0991
	3~5 年	.01205	.12399	.923	-.2315	.2556
	6~10 年	-.14066	.13048	.281	-.3970	.1156
	16 年及以上	-.31323*	.14396	.030	-.5960	-.0304

续表

(I) 成立年限	(J) 成立年限	均值差 (I-J)	标准误差	显著性	95%置信区间	
					下限	上限
16年及以上	3年以下	.13101	.12942	.312	-.1232	.3853
	3~5年	.32528*	.10780	.003	.1135	.5370
	6~10年	.17257	.11520	.135	-.0537	.3989
	11~15年	.31323*	.14396	.030	.0304	.5960

* P=0.05

表24　LSD多重比较分析结果——企业规模与企业外部供应链整合

(I) 企业规模	(J) 企业规模	均值差 (I-J)	标准误差	显著性	95%置信区间	
					下限	上限
50人及以下	51~100人	-.14391	.09880	.146	-.3380	.0502
	101~300人	-.03305	.09673	.733	-.2231	.1570
	301~500人	-.18650	.12024	.121	-.4227	.0497
	501人及以上	-.34994*	.10348	.001	-.5532	-.1467
51~100人	50人及以下	.14391	.09880	.146	-.0502	.3380
	101~300人	.11086	.10648	.298	-.0983	.3200
	301~500人	-.04259	.12822	.740	-.2945	.2093
	501人及以上	-.20603	.11265	.068	-.4273	.0153
101~300人	50人及以下	.03305	.09673	.733	-.1570	.2231
	51~100人	-.11086	.10648	.298	-.3200	.0983
	301~500人	-.15345	.12663	.226	-.4022	.0953
	501人及以上	-.31689*	.11084	.004	-.5346	-.0992
301~500人	50人及以下	.18650	.12024	.121	-.0497	.4227
	51~100人	.04259	.12822	.740	-.2093	.2945
	101~300人	.15345	.12663	.226	-.0953	.4022
	501人及以上	-.16344	.13186	.216	-.4225	.0956
501人及以上	50人及以下	.34994*	.10348	.001	.1467	.5532
	51~100人	.20603	.11265	.068	-.0153	.4273
	101~300人	.31689*	.11084	.004	.0992	.5346
	301~500人	.16344	.13186	.216	-.0956	.4225

* P=0.05

表25　LSD多重比较分析结果——业务类型与企业外部供应链整合

(I) 业务类型	(J) 业务类型	均值差 (I-J)	标准误差	显著性	95%置信区间	
					下限	上限
文化艺术	创意设计	.40192*	.10863	.000	.1885	.6153
	媒体	.07571	.10836	.485	-.1372	.2886
	软件及计算机服务	.30874*	.09269	.001	.1267	.4908
创意设计	文化艺术	-.40192*	.10863	.000	-.6153	-.1885
	媒体	-.32621*	.10939	.003	-.5411	-.1113
	软件及计算机服务	-.09318	.09389	.321	-.2776	.0913
媒体	文化艺术	-.07571	.10836	.485	-.2886	.1372
	创意设计	.32621*	.10939	.003	.1113	.5411
	软件及计算机服务	.23303*	.09358	.013	.0492	.4169
软件及计算机服务	文化艺术	-.30874*	.09269	.001	-.4908	-.1267
	创意设计	.09318	.09389	.321	-.0913	.2776
	媒体	-.23303*	.09358	.013	-.4169	-.0492

* P = 0.05

附录 4

文化创意产业供应链协调评价研究调查问卷

尊敬的先生/女士：

您好！非常感谢您在百忙之中抽出时间填写此问卷。本问卷主要针对**几乎自企业成立起就在该企业工作（企业成立年限<3 年）**和**在该企业工作 3 年及以上（企业成立年限≥3 年）**的**创意员工**进行调研。本问卷以不记名方式进行调查，我们承诺对所有的问卷反馈只用于学术研究，而未有任何商业目的，因此填写这份问卷不会给您及贵公司带来任何负面影响。此项调查旨在评价文化创意产业供应链协调现状，研究结论对提高文化创意产业供应链协调能力，促进文化创意企业及产业的发展具有一定的意义。

××大学×学院

请您根据贵公司的实际情况，针对下述选项，在相应的选项中打“√”，选项数字的含义如下：1：非常不同意；2：不同意；3：不能确定；4：基本同意；5：非常同意。

（注：问卷中“产品”特指“文化创意产品”）

编号及项目		您的观点				
A1	我公司和供应链伙伴间共享需求预测信息	1	2	3	4	5
B1	我公司和供应链伙伴共同实施需求预测的开发	1	2	3	4	5
C1	我公司和供应链伙伴共同开发评价各自绩效（如关键绩效指标、积分卡以及产生的激励）的体制	1	2	3	4	5

续表

编号及项目		您的观点				
D1	我公司不同职能部门间共享需求信息	1	2	3	4	5
D10	我公司建立了有效的创造性体制以使员工的创意能够得到实践	1	2	3	4	5
A2	我公司和供应链伙伴间共享产品创作计划	1	2	3	4	5
B2	我公司和供应链伙伴共同进行创意的开发	1	2	3	4	5
C2	我公司和供应链伙伴共同承担产品创作的风险	1	2	3	4	5
D2	我公司不同职能部门间共享产品创作信息	1	2	3	4	5
D9	我们的员工具有良好的协作能力	1	2	3	4	5
A3	我公司和供应链伙伴间共享创作进度状态	1	2	3	4	5
B3	我公司和供应链伙伴对预测失误共同探讨解决方案	1	2	3	4	5
C3	我公司和供应链伙伴共同承担费用（如需求变动的损失）	1	2	3	4	5
A4	我公司和供应链伙伴间共享核心业务流程的业务知识	1	2	3	4	5
D3	我公司所有职能部门都致力于增加顾客价值	1	2	3	4	5
D4	我们员工的创意通常都能够被采纳	1	2	3	4	5
A6	我公司和供应链伙伴间共享专有资料	1	2	3	4	5
B4	我公司和供应链伙伴共同计划营销活动	1	2	3	4	5
C4	我公司和供应链伙伴共享成功产品的收益	1	2	3	4	5
D5	我们为目标市场的需求而整合业务职能	1	2	3	4	5
D7	我们的员工熟知文化创意产品的二元性（如艺术性与娱乐性）	1	2	3	4	5
A7	我公司和供应链伙伴间共享一般的信息技术（软件）以促进伙伴间的沟通	1	2	3	4	5
B5	我公司和供应链伙伴共同找出问题解决方案	1	2	3	4	5
C5	我公司从供应链中得到的激励，与付出的投资和承担的风险相当	1	2	3	4	5
D6	我公司职能部门间的整合不会妨碍员工的创造性	1	2	3	4	5
A8	我公司和供应链伙伴间共享顾客反馈数据	1	2	3	4	5
D8	我们的员工在创作中能够较好地平衡文化创意产品的二元性（如艺术性与娱乐性）	1	2	3	4	5

请填写您及贵公司的基本信息：

1. 贵公司的成立年限是（　　）。

A. 3 年以下　　B. 3～5 年

C. 6～10 年　　D. 11 年及以上

2. 贵公司员工规模是（　　）。

A. 50 人及以下　　B. 51 ~ 100 人

C. 101 ~ 300 人　　D. 301 人及以上

3. 贵公司经营业务是（　　）。

A. 文化艺术（文艺创作与表演）

B. 文化创意及设计服务（游戏开发、广告设计、建筑设计等）

C. 新闻、出版、发行服务

D. 广播、电视、电影服务

4. 您的性别是（　　）。

A. 男　　B. 女

5. 您在贵公司工作的年限是（　　）。

A. 几乎自从公司成立起，我就在这家公司工作

B. 3 年及以上